DISCOURS ET ALLOCUTIONS

DE

MGR MERMILLOD

DISCOURS ET ALLOCUTIONS

DE

MGR MERMILLOD

ÉVÊQUE D'HÉBRON, AUXILIAIRE DE GENÈVE

PRONONCÉS A TOURS

PENDANT LA NEUVAINE DE SAINT MARTIN

A LA CATHÉDRALE, AU TOMBEAU DU SAINT
ET DANS PLUSIEURS CHAPELLES

NOTES ET SOUVENIRS

TOURS

CATTIER, libraire-éditeur, 26, 28, rue de la Scellerie

1868

PRÉFACE

Est-ce bien le titre de *Préface* que nous devrions donner aux quelques lignes qui vont suivre ? On pourrait à la rigueur le contester ; mais nous n'en voyons pas de meilleur, et nous espérons que les personnes attirées par l'œuvre de l'éminent prélat, transcrite dans ce livre, n'épilogueront pas pour si peu.

Nous rappellerons donc, d'abord, que la fête du grand Thaumaturge des Gaules a été le motif de la venue parmi nous de cet éloquent orateur, dont la voix est aujourd'hui connue de tout le monde catholique. Les trois principaux sermons prononcés par lui, dans la cathédrale de Tours, n'ont, à la vérité, touché qu'indirectement et en peu de mots à la vie de saint Martin. Mais ce grand fait d'une auguste cérémonie renouvelée désormais tous les ans, et consacrée par la présence de nombreux évêques, ne saurait être passée sous silence. Il a, pour la chrétienté tout entière, et pour la ville de Tours en particulier, une portée sérieuse dont l'avenir nous montrera le complet déve-

oppement, au point de vue religieux. Il est aussi un retour
aux grandes traditions de la France, qui, faite pour ainsi dire
à l'ombre du nom vénéré de saint Martin, ne l'oublia jamais
dans ses heures d'angoisses ou de triomphe, et fit du tombeau
de son illustre apôtre, le pèlerinage de ses grands jours. A ce
double titre, nous en devions dire un mot, ne fût-ce que
pour mémoire. D'ailleurs, dans la même chaire où vient de
retentir la voix de Mgr de Genève, se sont déjà fait entendre
dans les mêmes circonstances, celles de Mgr de Poitiers, de Mgr
de Tulle, de Mgr d'Orléans, et de S. E. le cardinal archevêque
de Bordeaux ; et ces souvenirs devaient être retracés, non
pour les fidèles de Tours qui ne sauraient les perdre, mais
pour ceux du dehors auprès desquels ils n'ont eu, peut-être,
qu'un écho fugitif.

Après cette première observation, quelques détails biogra-
phiques sur Mgr Mermillod sembleraient devoir trouver ici
leur place naturelle. Nous avons compris tout l'intérêt qui
s'y serait attaché, et nous avons essayé de réunir les éléments
nécessaires à ce petit travail. Nous le disons avec regret, il
nous a été impossible de nous procurer des documents assez
positifs, des notes assez précises pour oser l'entreprendre.
Tout ce que nous pourrons dire, dans le but de satisfaire la
juste curiosité de nos lecteurs, se bornera donc à peu de
chose.

Mgr Mermillod, missionnaire apostolique, évêque d'Hébron
et auxiliaire de Genève, n'est point originaire de la Suisse,
ainsi qu'on le croit généralement, mais bien de la Savoie, ce
pays éminemment catholique, que la France est fière d'avoir

. reçu dans son sein, et qui, parmi tant d'autres illustrations, donna le jour à saint François de Sales, aussi évêque de Genève. Une des branches de la famille de Mgr Mermillod est, depuis longtemps déjà, fixée tout près de nous, à Châtellerault. Celle de laquelle il descend habite la Suisse, et quant à lui, il est né à Carouge, faubourg de Genève et il est citoyen de cette ville.

Mgr Mermillod appartient donc, en quelque sorte, à la France par son origine ; mais il lui appartient, surtout, par la vivacité de son esprit, par son langage, — on parle français à Genève, — et par les secrets de son style aussi saisissant que varié. Il est du reste jeune encore, car il compte quarante années, et l'on s'étonne qu'à cet âge il ait déjà tant fait.

Au physique, il est de taille moyenne et de faible corpulence ; mais sa figure, qui respire la plus sereine intelligence, s'anime à tout instant d'un sourire indulgent et bon, pendant que son œil vif et pénétrant brille de tout le feu d'une ardente charité. En chaire, le soir, quand les lampes du saint temple ne laissent arriver à lui que de faibles clartés, et que les traits de son visage perdent leur accent propre dans une pénombre mystérieuse, la silhouette et l'expression de sa tête, son regard, sa pose, rappellent l'illustre saint qui le précéda sur le siége de Genève, et dont il poursuit avec tant de zèle l'œuvre dificile, au milieu de la Rome protestante. C'est là un rapprochement qui nous a frappé, et qui s'est d'autant plus facilement présenté à nous, il faut le dire, qu'au milieu des différences de langage et d'appréciations qu'entraîne la différence des temps, nous retrouvions, à chaque instant, dans

Mgr Mermillod, cette profonde connaissance de l'âme inté-
rieure, cette douceur céleste, cette admirable charité qui
distinguaient saint François de Sales.

Il y a déjà longtemps que Mgr Mermillod est connu pour
l'excellence de ses prédications. Nous ne dirons rien des
nombreuses retraites qu'il a prêchées en France même, aux
conférences de saint Vincent de Paul ou aux ecclésiatiques, et
qui, toutes, ont été pour lui marquées par des succès. Nous
rappellerons seulement le retentissement de sa parole, lorsque, simple vicaire de l'unique église de Genève, il se mit à
parcourir l'Europe en prêchant, pour trouver les ressources
nécessaires à l'édification d'une basilique qui pût contenir son
troupeau. Quant aux circonstances plus solennelles où sa voix
a retenti, nous n'en parlerons pas ; quel catholique les aurait
oubliées?... Malines et Rome ne font-elles pas entendre encore
les échos de cette éloquence qui, dans d'augustes assemblées,
subjuga tous les cœurs?

Resterait peut-être maintenant à apprécier le talent oratoire
du saint prélat, et à le comparer à celui des grandes illustrations actuelles de la chaire chrétienne. Ce serait là, certainement, un piquant travail, qui pourrait même avoir une
grande importance à un certain point de vue. Mais, outre le
développement qu'il comporterait et qui serait hors de proportion avec cet opuscule, ne serait-ce point à nous témérité
de l'entreprendre? Nous ne pouvons cependant nous empêcher de remarquer que Mgr Mermillod, par le programme
qu'il s'est posé et vers lequel gravitent tous ses sermons,
peut être placé à côté du père Félix et du père Hyacinthe, ces

éloquents prédicateurs dont la constante préoccupation est de défendre le catholicisme contre cette erreur si fort accréditée aujourd'hui dans le monde du sophisme et de l'impiété, que l'enseignement de l'Église romaine ne répond plus aux besoins et aux aspirations des temps mordernes.

Dans la croisade entreprise contre cette thèse menteuse posée devant nos sociétés chrétiennes, et qui s'affirme de jour en jour avec plus d'audace, Mgr Mermillod a sans doute son rôle à lui, différent de celui des deux autres; mais son génie propre, en se posant à côté de celui du père Félix et du père Hyacinthe, est venu compléter une triade sainte dont l'œuvre est commune.

Si nous osions caractériser le rôle particulier de ces trois illustres orateurs chrétiens, nous le ferions, ce nous semble, en caractérisant simplement le point de départ de leur argumentation. Pour le père Félix, en effet, il est dans la philosophie, la logique inflexible et la science; pour le père Hyacinthe, dans l'origine, la constitution et le développement de la famille; pour Mgr Mermillod, dans la charité. De là, trois manières qui, loin de s'exclure, se prêtent un mutuel appui et se complètent, en s'adressant à tous les degrés de l'intelligence sociale : le père Félix parle aux philosophes et aux savants; le père Hyacinthe à ceux qui, moins absorbés dans les travaux de l'esprit, voient de plus près le foyer domestique; Mgr Mermillod parle au peuple, dans le sens large, dans le sens chrétien du mot, et toute l'économie de son éloquence est résumée dans cette phrase que nous lui avons entendu prononcer en chaire : *Attirer à Jésus-Christ par l'amour de Jésus-Christ*; mais, au fond, c'est le même programme, né du sentiment des mêmes besoins sociaux et religieux.

A ce parallèle, qui demanderait peut-être le rapprochement de quelques citations impossibles ici, nous n'ajouterons rien de plus. On nous permettra cependant, pour ce qui concerne Mgr Mermillod, de citer ses propres pensées sur la prédication ; car elles donneront la clé de son inspiration et nous dispenseront de toute analyse.

« Il faut, dit le saint prélat (1), que le prédicateur ne soit pas un spectacle pour l'auditoire ; il doit être une conviction vivante, une intelligence qui s'ouvre, un cœur qui se donne ; après cela, la forme viendra, les idées se rangeront d'elles-mêmes. Nous sommes, ajoute-t-il, en face de toutes les grandes misères de l'humanité ; nous avons la barbarie qui veut tout détruire, l'arianisme qui nie Jésus-Christ et sa divine mission, la mollesse du Bas-Empire. Il faut baptiser les barbares par la prière ; les rationalistes par la vérité ; la mollesse par l'abnégation. Le prêtre, surtout, doit être une double victime, hostie noire dans son presbytère, hostie blanche à l'église. »

C'est bien là le grand orateur dont ce livre va reproduire quelques discours, et, dans ces discours mêmes, dépouillés cependant du prestige que leur prêtent et la voix et le geste, on retrouvera à chaque ligne *cette conviction vivante, cette*

_____

(1) *Cours d'éloquence sacrée populaire*, par l'abbé Mulois, à l'article de Ml'abbé ermillod.

intelligence qui s'ouvre, ce cœur qui se donne; on retrouvera, en un mot, la charité conviant à la charité.

Mais que dire de la forme qui enveloppe la pensée de Mgr Mermillod, et qu'il relègue au dernier plan? Est-il vrai qu'elle ne soit, pour son éloquence, qu'un accessoire dont il se préoccupe peu? Nous ne saurions dire ce qu'il y donne d'attention et de labeur, ses sermons ayant toujours le caractère de l'improvisation; mais ce que nous pouvons affirmer, c'est que l'expression est toujours propre, toujours choisie, toujours élevée; le tour de phrase heureux, souvent neuf, constamment précis; la période abondante et le plus souvent harmonieuse.

Qu'après cela la correction laisse parfois à désirer, ou que l'art fasse défaut jusqu'à un certain point, ainsi que le disait le père Lacordaire, il importe peu, puisque le but est atteint, et que la parole, après avoir réveillé les cœurs, les attire et les attache.

Du reste, on ne saurait nier que, sous le rapport du plan, les sermons de Mgr Mermillod restent en arrière de ceux du père Félix et du père Hyacinthe. On ne retrouve pas, en effet, chez lui, cet enchaînement rigoureux et pour ainsi dire mathématique, cette juste proportion des diverses parties du discours, cette balance parfaite des membres entre eux. De là, la difficulté d'analyser en peu de mots certains de ses sermons; mais de là, aussi il faut le reconnaître, ces allures plus libres, plus incisives, plus accessibles à l'universalité des intelligences, plus propres, enfin, aux mouvements inattendus et pathétiques : de là le cachet particulier, le cachet spécial et caractéristique de son éloquence si éminemment évangélique, et qui rappelle, à certains égards, l'éloquence populaire des Ambroise et des Chrysostome, ces immortels génies, toujours préoccupés, eux aussi, d'être, avant tout, *une conviction vivante, une intelligence qui s'ouvre, un cœur qui se donne.*

N'est-ce pas à cela, peut-être, que Mgr Mermillod doit d'avoir vu venir à lui des convertis en grand nombre, et de les avoir vu, les larmes aux yeux, se jeter dans ses bras comme dans ceux d'un vieil ami? Si ce n'était chez lui le triomphe de l'art, c'était, du moins, ce qui vaut mieux, celui de la charité.

Nous en resterons là de ces considérations que nous avons étendues plus que nous ne voulions. En finissant, disons un mot maintenant du texte des discours renfermés dans ce livre.

Le titre même qui leur a été donné montre une chose: c'est que l'impression n'en a pas été faite d'après un manuscrit de l'auteur, et ils ont cela de commun avec les autres publications des sermons de Mgr Mermillod, qui, toutes, sont dues à des notes prises dans l'auditoire. Ici, dans le but d'arriver à une reproduction plus fidèle, plusieurs personnes ont bien voulu mettre en commun, avec une complaisance qu'on ne saurait trop louer, le travail qu'elles avaient fait, chacune de son côté; ces documents ont été contrôlés les uns par les autres d'abord, et, ensuite, à l'aide des souvenirs précis de quelques mémoires heureusement douées. On est parvenu ainsi à composer un tout bien rapproché de la vérité, quant à la forme; mais rigoureusement exact, quant au fond. Nous croyons donc qu'il peut être offert sans hésitation au public, et que les catholiques sauront gré à l'éditeur, non seulement de ses efforts, mais du résultat qu'il a obtenu.

A. DE SALIES.

PREMIER PÈLERINAGE

DE

Mᴳᴿ MERMILLOD

AU TOMBEAU DE SAINT MARTIN

En 1865.

Je comptais, mes chers frères, traverser votre ville et y passer inaperçu, pour venir, comme un obscur pèlerin, me prosterner sur le tombeau de ce grand saint Martin, qui fut pendant sa vie le modèle des évêques, comme il est encore dans le Ciel leur protecteur et leur patron ; mais j'ai dû céder à de pieuses suggestions, et vous adresser quelques paroles d'édification, à vous qui êtes venus avec tant d'empressement recueillir l'expression des sentiments qui remplissent maintenant mon cœur.

La première pensée qui s'est offerte à mon esprit en entrant dans cette enceinte provisoire, destinée à abriter le tombeau du grand Thaumaturge des Gaules, est celle de la perpétuité de l'Eglise, de cette perpétuité si admirable, dans un monde où rien ne dure et où le temps ne sert qu'à amonceler chaque jour de nouvelles ruines. Dans l'Eglise, au contraire, tout est stable ; la doctrine que je vous enseigne est la même que celle que saint Martin enseignait à vos pères, il y a quinze siècles, et ma parole, faible écho de sa grande voix, vous annonce les

mêmes vérités ; tout à l'heure Jésus-Christ va descendre sur
cet autel, et son sang divin va empourprer mes lèvres, et cette
divine victime va s'immoler de la même manière qu'elle le
faisait entre les mains de votre grand évêque. Quelle raison
pour nous de nous attacher et de tenir, par le fond de nos
entrailles, à cette souveraine maîtresse, dont les leçons sont
toujours les mêmes, et qui est la même partout, sans recevoir
aucun ébranlement des variations attachées à toutes les insti-
tutions humaines !

Si comme moi, mes frères, vous viviez au milieu d'une population hérétique, et par conséquent soumise à tous les malheurs
qu'entraîne cette instabilité de doctrine et d'enseignement,
cherchant la lumière sans pouvoir la trouver, parce qu'elle ne
sait sur quel centre fixer ses pensées, ne trouvant dans toutes
les différentes sectes qu'un sable mouvant que le moindre vent
fait écrouler, vous comprendriez encore mieux le bonheur d'ap-
partenir à cette Église qui a Jésus-Christ pour chef invisible,
et pour chef visible l'immortel Pie IX, successeur de Celui à qui
il a été dit : Celui qui vous écoute, m'écoute... Quel bonheur est
le vôtre surtout, mes frères bien-aimés, vous qui vivez à
l'ombre de ce tombeau, dont il sort encore une vertu suffi-
sante pour guérir toutes les plaies morales, comme autrefois
la vertu de saint Martin se montrait au dehors par de nombreux
miracles ! Vous vivez sous la direction d'un clergé dont la renom-
mée s'étend au loin, et vous recevez les enseignements de ce
prélat éminent, généreux athlète des temps modernes, qui a
voulu illustrer son pontificat, en attachant son nom à la réédi-
fication de cette grande basilique, autrefois la gloire de votre
ville et de toute la France.

Honneur à lui d'avoir eu cette grande pensée et de travailler
chaque jour à la réaliser ! Oui, un jour viendra où ce modeste
sanctuaire sera remplacé par un temple digne des cendres
qu'il recouvrira ; mais, mes frères, vous n'aurez pas seuls le
privilége de l'avoir réédifié ; l'appel de votre digne Archevêque
sera entendu de tous ses collègues, de tous les chrétiens de

l'univers , et chaque pays voudra ajouter une pierre à celles que vous aurez données vous-mêmes, et attester ainsi que la dévotion à saint Martin est éminemment catholique.

En terminant, mes frères, laissez-moi vous dire que je viens d'aller demander au grand saint Hilaire de Poitiers, la force dont j'ai besoin pour poursuivre l'œuvre qui m'a été confiée. Elle m'est bien nécessaire, en effet; il me faut du courage pour lutter et pour triompher de tant d'erreurs, et vous arracher chaque jour de nouvelles âmes aux ténèbres de l'erreur. O ma chère Genève, j'avais besoin de me prosterner ici pour prier le grand saint Martin de te couvrir de la moitié du manteau de sa charité! Et maintenant je vais demander à saint François de Sales, dont je suis l'indigne successeur, qu'il me donne toute sa douceur pour toucher et convertir les cœurs.

Prions à cette intention, mes frères, revêtons-nous de la science et de la force de saint Hilaire, de la charité de saint Martin, de la douceur de saint François de Sales ; et quand ces trois vertus brilleront dans nos âmes, nous pourrons dire alors: Ce n'est plus moi qui vis, c'est Jésus-Christ qui vit en moi. Et ainsi nous pourrons sans crainte espérer le même héritage qu'ont déjà obtenu ces grands saints, nos patrons et nos modèles.

FÊTE DE SAINT-MARTIN

• 1867

PREMIER DISCOURS A LA CATHÉDRALE

LE 14 NOVEMBRE

Venit filius hominis salvare quod perierat.
(Matth. 18, 11).
Le fils de l'homme est venu sauver ce
qui était perdu.

MONSEIGNEUR, MES FRÈRES,

Il y a quinze siècles, un homme né dans les ténèbres du paganisme, mais devenu chrétien et instruit par une des plus grandes lumières de son siècle, après avoir jeté, par un élan de charité sublime, un morceau de son manteau à un pauvre, venait s'établir dans votre cité pour la bénir et la sanctifier; et par la vertu que Dieu avait attachée à sa personne, il traversait les rues en guérissant les malades, ressuscitant les morts, reproduisant enfin quelques-uns des miracles que son divin Maître avait faits avant lui.

Cet homme, préparé ainsi par la pauvreté, la souffrance et le dévouement, fut toujours l'objet d'un culte spécial parmi vous; vos aïeux l'honorèrent, et il a laissé une mémoire impérissable dans le cœur des générations qui l'ont suivi. Cette antique basilique fut l'heureux témoin des vœux que vous lui adressiez à travers les âges. Je vous remercie, mes frères, d'avoir bien voulu m'associer à cette solennité qui est tout à la fois une fête de famille et aussi une fête nationale.

Merci, Monseigneur, de m'avoir appelé à prêter ma voix, quelque infirme qu'elle soit, pour ajouter un faible rayon de gloire à celle qui brille déjà sur la tête de ce grand saint; je suis fier de porter la parole devant un Pontife qui prend avec tant de vigueur les intérêts de saint Martin et qui déploie tant d'énergie pour réédifier les ruines amoncelées par les révolutions. Vous êtes de cette grande lignée de pontifes dont l'Église s'honore et qui honorent l'Église, qui en font la dignité et la force. En attachant votre nom à un monument digne de saint Martin, les siècles à venir sauront qu'il n'eut jamais de plus grand successeur. Si dans ce moment la liturgie me le permettait, je me prosternerais, Monseigneur, vous priant de me bénir; mais si vous ne le faites pas avec les lèvres, cette bénédiction sortira de votre cœur, et votre peuple trouvera dans mes paroles comme un écho de vos sentiments pour lui.

Mon intention, mes Frères, n'est pas de vous raconter un à un les principaux traits de la vie de saint Martin. Cette vie est inscrite dans votre mémoire, plus encore dans vos cœurs. Mais en élevant cette pensée première du *souvenir* de votre grand Thaumaturge, nous monterons jusqu'à Celui dont les saints ne sont que comme un admirable prolongement, Notre-Seigneur Jésus-Christ, dont il est parlé au saint autel par ces paroles : *Tu solus Dominus, tu solus Sanctus, tu solus Altissimus*, et qui a dit de lui-même : « Je suis la vigne et vous êtes les branches. » Les élus sont un épanouissement de cette vigne.

Nous allons suivre ensemble quelques idées qui sont trop souvent la cause des grandes batailles contemporaines : il s'agit de savoir qui l'emportera de Dieu ou de l'homme qui ne veut pas admettre sa chute originelle, ni la nécessité d'un Rédempteur. En un mot, je vous parlerai du mystère de la Rédemption; je vous montrerai l'homme tombé, l'homme racheté en vertu d'un plan divin qui s'accomplit par Notre-Seigneur Jésus-Christ; enfin, je vous ferai voir que ce plan subsiste encore et que Dieu emploie toujours les mêmes moyens pour nous sauver. En prouvant ces vérités, j'espère éclairer les aveugles qui pourraient se trouver dans cet auditoire et qui oublient cette parole : que l'homme se vend, mais ne se rachète pas seul.

Un jour, Jésus traversait la Judée; on lui présente un aveugle pour qu'il le guérisse. Alors prenant de la boue du chemin et la mêlant à sa salive, il en appliqua sur les yeux de l'aveugle, qui fut guéri. Oh ! Seigneur! que sommes-nous, sinon la boue du chemin, nous prédicateurs de l'Évangile? Donnez à ma faible parole une vertu surnaturelle, permettez-moi de ramasser aussi un peu de poussière qui, mêlée à la salive de votre grâce, éclairera les esprits ténébreux et touchera les cœurs ; c'est ce que je vous demande par l'intercession de Marie. *Ave Maria.*

L'homme est tombé, c'est une vérité que l'Église a toujours proclamée et que l'antiquité païenne elle-même reconnaissait ; mais, une fois tombé, l'homme ne peut se relever. On s'imagine trop facilement qu'il a des ressources suffisantes dans sa raison, dans sa volonté, dans sa responsabilité pour conquérir le bonheur et l'immortalité; c'est une erreur qui a été combattue par saint Augustin, saint Bernard, mais qui se renouvelle toujours.

Donc, pour laver le péché, il faut une réparation qui s'étende aussi plus loin que les limites de ce monde, qui passe du ciel à la terre, du cœur coupable de l'homme au cœur offensé de Dieu, pour lui créer pardon et miséricorde; en un mot, il faut le repentir. Le christianisme l'a vulgarisé ; avant lui, il n'existait pas. Le païen a pu avoir conscience de ses fautes et concevoir du remords, mais en arriver au repentir, jamais; c'est une création chrétienne; et quand nous parlons de réparation, on nous dit : Dieu est bon, il efface le péché dès qu'il est commis. Mais le péché, c'est le mépris, et le mépris c'est plus que l'amitié trahie, plus que l'oubli, plus que l'ingratitude; c'est ce que l'homme ne supporte jamais, et on voudrait que Dieu, la justice même, l'acceptât sans punir celui qui s'en rend coupable envers lui. On raconte qu'un triomphateur de l'ancienne Rome, au milieu des acclamations de tout un peuple qui venait à sa rencontre, en célébrant ses victoires et son courage, se sentit tout à coup défaillir; il venait d'apercevoir la tombe d'un homme qui l'avait méprisé autrefois. Ni les cris triomphants qui retentissaient à son oreille, ni les palmes et les lauriers qu'on jetait sur son passage, ni l'ovation magnifique dont il était l'objet n'avaient pu effacer ce souvenir d'un ennemi vaincu par la mort, couché dans un tombeau, et impuissant désormais à porter aucune atteinte à son bonheur. Ainsi agit Dieu à notre égard, il n'oublie point notre péché sans la réparation; les sacrifices, aussi vieux que le monde, attestent que l'homme a senti qu'il ne pouvait pas demander l'impunité de ses fautes, il a reconnu la nécessité dans laquelle il se trouvait d'avoir recours à un être supérieur pour se relever, et que sa faute ne pouvait être oubliée que par l'expiation. C'est le cantique du vieux monde qui appelait le Rédempteur, c'est le cri de la sagesse antique qui prédisait le Messie.

Dans le besoin intime qu'éprouvera l'homme d'apaiser une divinité qu'il ne connaît pas, mais dont il a le sentiment et dont il redoute les vengeances, il se fera des dieux du soleil, de la lune, et même d'objets matériels et grossiers. Voyez ce rude et ignorant habitant d'une terre barbare et encore païenne; un jour il commet une faute grave, le remords s'empare de lui, le poursuit; il tremble, il a besoin d'immoler une victime à une puissance supérieure; mais comme chez lui tout est grossier et soumis à l'empire des sens, un sentiment partant du cœur ne lui suffit pas; il lui faut un dieu que ses yeux puissent voir, que sa main puisse palper, et c'est pour cela que, s'armant d'une hache, vous le voyez partir pour la forêt voisine; là, il cherche, il regarde, il s'arrête enfin devant un de ces chênes séculaires qui en font l'ornement, il le frappe à coups redoublés, l'abat, enlève les branches, façonne le tronc, jusqu'à ce qu'il soit parvenu à faire une ébauche informe de quelque divinité bienfaisante, qu'il rapporte ensuite à son foyer, et à laquelle il offre des sacrifices, des présents. des prières, jusqu'au moment où, pensant avoir ainsi expié son forfait, il retrouve la paix qu'il avait perdue.

C'est ainsi que d'erreurs en erreurs, de divagations en divagations, l'homme arrivera enfin au paganisme. C'étaient des hommes sages et intelligents que Platon et Socrate ; leurs esprits ont été aussi éclairés qu'on pouvait l'être, alors que la raison humaine ne s'appuyait ni sur la révélation, ni sur la morale chrétienne; et cependant ils ont adoré ces faux dieux; ni leurs lois, ni leurs mœurs n'ont pu les relever après leurs chutes. Aujourd'hui encore, ceux qui rejettent la Rédemption et qui puisent, dans la raison seule, leurs lumières, leurs enseignements, leurs dogmes et leur ligne de conduite, n'aboutissent qu'au panthéisme. Il n'y a point d'erreurs que l'homme puisse éviter lorsqu'il est livré à ses seules forces et à son propre esprit.

L'Église, dans les premiers siècles de son existence, se trouvait donc placée entre le paganisme et le panthéisme, comme Jésus-Christ sur la croix entre les deux larrons ; aujourd'hui elle est vis-à-vis d'un parti qui veut détruire complétement la raison, et d'un autre qui, l'élevant démesurément, en fait une divinité. Celui-là ne lui accorde pas assez et la réduit à l'impuissance ; l'autre lui donne une place trop élevée dans la vie de l'homme dont elle ne doit pas être l'unique moteur.

L'Église seule est dans la vérité ; elle nous apprend que la raison est affaiblie et dévoyée, mais non détruite, par le péché originel, et elle nous apprend en même temps qu'un Dieu seul pouvait la relever. Comment cette œuvre s'accomplira-t-elle ? quel sera le plan divin qui réalisera cette sublime et miséricordieuse entreprise ? C'est ce que nous allons voir.

A l'accomplissement de cette rédemption divine, bien des obstacles se présentaient. Les uns venaient de la part de l'homme, d'autres de la part de Dieu.

Aux premiers jours de la Création, l'homme dans les délices
du Paradis terrestre s'entretenait, si je puis m'exprimer ainsi,
dans une causerie intime avec son Créateur. C'étaient les
douces et confiantes communications du foyer domestique, les
rapports affectueux du père et du fils. Mais le péché commis,
un mur de séparation se plaça entre les deux. Adam coupable
s'enfuit dans les profondeurs des bois ; là il se cache, et quand
Dieu l'appelle, sa réponse est celle-ci : J'ai entendu votre voix
et j'ai eu peur, *Vocem tuam audivi et timui...* Adam a eu
peur ! mais on n'a pas peur d'un père dont on a reçu le bienfait
de l'existence ; on n'a pas peur d'un ami, et Dieu était tout cela
pour le premier homme. C'est donc le péché qui a changé les
sentiments d'amour et de confiance qui existaient entre le
Créateur et sa créature, pour y substituer celui de la crainte
qui dominera maintenant dans les relations entre Dieu et
l'homme. Il entendra toujours la parole de malédiction ; il verra
toujours cette épée de feu que tient l'ange et qui lui interdit
l'entrée du paradis... Et vous verrez l'homme ayant peur de Dieu
et néanmoins ne pouvant se passer de la divinité, retomber
encore une fois dans le culte de ses idoles, se faire des dieux à
sa taille et à sa mesure, abandonner même Celui qui, dans le
désert, par un prodige journalier, le nourrissait d'une manne
céleste, pour se prosterner devant un veau d'or, près duquel il
pouvait se tenir et dont il n'avait rien à craindre.

Tels étaient donc les obstacles qui existaient de la part de
Dieu pour que la Rédemption pût s'accomplir. Voyons maintenant ceux que l'homme y apportait.

La première difficulté qu'il fallait vaincre était cette peur
qu'éprouvait l'homme pour son Créateur. Dieu est loin, il réside
dans les splendeurs des cieux, et s'il fait encore de temps en
temps entendre sa voix sur la terre, ce n'est plus qu'à de rares
intervalles. La créature, ainsi éloignée de son Créateur, ne
jouissait plus de ses communications intimes ; Dieu n'apparais-
sait plus que sous des symboles. Qui ne connaît le proverbe :
Loin des yeux, loin du cœur ? Mais Dieu est encore plus supé-

rieur à l'homme qu'il n'est invisible. Qui rapprochera les distances? Et quand même elles disparaîtraient, Dieu est notre juge; on n'aime pas celui qui nous a condamnés, et qui peut nous condamner encore. Ainsi Dieu est loin, il est invisible, il est notre supérieur, il est notre juge. Comment arrivera-t-il jusqu'à nous? Qui sera un trait d'union entre sa divinité et notre humanité ?

Il existe dans la langue française un mot qui exprime très-bien ce que Dieu a fait, c'est celui dont on se sert pour peindre l'amour qu'on ressent pour un inférieur; on éprouve pour lui une *inclination*. C'est ainsi en s'inclinant vers nous que Dieu nous sauvera.

Il est loin, il se rapprochera ; il enverra des anges à Abraham, il parlera par les prophètes, il se laissera entrevoir au Sinaï, dans le tabernacle, dans le temple, et, à travers le voile mystérieux qui cache le Saint des Saints, on apercevra quelque chose de sa gloire et de sa puissance. Et ainsi pendant dix, vingt, trente, quarante siècles, il poursuivra l'homme, *ce fuyard de Dieu*, selon l'expression de Bossuet, avant de pouvoir l'atteindre ; mais alors il le saisira, comme parle saint Bernard, par son manteau de chair et en couvrira sa divinité. Et ainsi, nous aurons l'homme-Dieu, Notre-Seigneur Jésus-Christ. D'abord, il devient petit enfant, il est dans l'étable de Bethléem, couché sur la paille, offrant le spectacle émouvant d'un enfant aux prises avec les souffrances ; on n'a pas peur d'un enfant, on le prend dans ses bras, on le presse sur son cœur, on le réchauffe de ses caresses... déjà nous respirons l'amour... Cet enfant grandit comme l'un de nous, dans l'obscurité de Nazareth : il travaille, il parle peu, il est humble, rien en lui qui effraie; tout, au contraire, dans son existence est doux et sympathique; plus tard, il est bon, il guérit les malades, il passe en faisant le bien. Enfin sa vie souffrante commence : pas une plainte, pas un murmure ne s'exhale de ses lèvres, il prie pour ceux qui le persécutent, il meurt pour ses ennemis, pour nous tous ; et alors nous ne pouvons plus avoir peur de Dieu, ce sentiment est vaincu par un amour sans bornes, et nous l'aimons comme on n'aime pas son père, comme on n'aime pas son enfant, comme on n'aime pas son frère, comme on n'aime pas sa sœur, et aucune langue humaine ne pourra jamais exprimer le sentiment d'ineffables tendresses, de suaves voluptés, de délices infinies, que le cœur éprouve en prononçant ces paroles : J'aime Dieu.

N'est-ce point un rêve, mes Frères, que je viens de développer devant vous ? N'est-ce point un fantastique mirage de la parole humaine ? Non, c'est une sublime réalité. On l'a niée, je le sais. On n'a voulu voir en Jésus-Christ que la brillante, mais fugitive apparition d'un météore lumineux, que l'apparition d'une splendeur tout humaine, qui n'aurait eu de divin qu'une trompeuse et mensongère apparence. Non, ce que nous avons dit est une vérité prouvée par deux témoins : l'histoire et la conscience.

Ici, mes Frères, j'éprouve un regret, c'est celui d'abréger et de réunir, comme dans un faisceau, une série de preuves que je serais heureux de développer devant vous ; mais je n'ai que quelques heures à vous donner, et je voudrais, dans mes trois discours, résumer toutes les réponses que réclament les erreurs contemporaines.

Le premier témoin du fait de la Rédemption est donc l'histoire. J'emprunte une image à saint Jean Chrysostome. Ce grand docteur nous représente un navire au milieu des flots : il est battu par une violente tempête, les vents viennent l'assaillir, l'éclair sillonne la nue, les mâts sont abattus, les voiles mises en pièces. Les colères du ciel, d'accord avec les fureurs de l'abîme, menacent de l'engloutir. Les passagers consternés sont dans le désespoir, les vieux pilotes ont perdu leur sang-froid et abandonnent le gouvernail. Le vaisseau est dans un péril extrême, il va sombrer ; tous ceux qui sont à bord tombent à genoux et poussent des cris de désespoir. Personne ne peut sauver ce navire qui n'a plus ni boussole, ni voiles, ni mâts, toute espérance semble perdue. Mais tout à coup, du sein de l'équipage, un jeune homme se lève, qui dit : « Vous êtes impuissants, laissez-moi agir seul. » Et il prend les voiles, les organise, il redresse les mâts, il apaise les vents, il écarte les nuages ; à sa voix, immédiatement le ciel s'éclaircit, les flots se calment, les voiles sont enflées par un souffle heureux et le navire reprend sa course triomphante et sûre.

Ce navire, mes Frères, c'est le globe sur lequel nous marchons ; le vieux monde païen était sur ce vaisseau battu par les flots de toutes les passions, il allait sombrer dans l'abîme ; les voiles, qui sont les vertus de l'âme, étaient déchirées ; les mâts, représentant les colonnes des sociétés, étaient renversés, brisés ; le pilote éperdu n'entendait plus rien ; le ciel était sombre ; les philosophes et les sages n'avaient plus que des rêveries et des monstruosités à présenter au monde ; la raison s'en allait dans un doute irrémédiable. Et voilà un jeune homme sorti d'une crèche, d'un atelier, de la poussière du travail, qui n'a jamais manié que le rabot d'un artisan ; il prend le globe comme un navire, le reconstitue et lui dit : Marche sous mon souffle ! Et depuis dix-neuf siècles, nous sommes les passagers de ce navire sauvé par Jésus-Christ. Il a donné ses vertus au monde corrompu, il a envoyé ses apôtres pour remplacer tous ces philosophes, pères et docteurs du mensonge, et à l'heure présente, il n'y a de vraie lumière que dans la civilisation chrétienne, que lorsque Jésus-Christ éclaire les âmes et les peuples ; et vous qui niez, vous enviez encore, comme ce pauvre aveugle qui tourne le dos au soleil et maudit cet astre du jour, dont il reçoit cependant sur son front dépouillé les rayons qui éclairent son guide et la chaleur qui le réchauffe.

Le second témoin, c'est la conscience humaine. Il ne s'agit plus ici d'un simple fait historique unanimement accepté. Ce n'est plus la simple affirmation d'un livre. Je me trompe, il s'agit bien d'un livre, ce grand livre qui s'appelle la conscience humaine, dont nous portons tous une partie au dedans de nous-mêmes.

O Athènes ! ô Rome ! Sentiez-vous dans vos enceintes, même en vos plus beaux jours, sentiez-vous ce parfum délicieux des vertus qui embaume la terre depuis la venue de Jésus-Christ ? Oui, nous voyons des dévouements admirables ; la pureté du foyer domestique, les mœurs chrétiennes sont une affirmation magnifique de la Rédemption. O courageux missionnaires ! saintes et héroïques sœurs de charité ! Non, Rome et Athènes ne vous connaissaient point ! Elles eussent méconnu votre dévouement, elles vous eussent trouvé ingrates envers votre patrie !

La génération des saints révèle la divinité de Jésus-Christ. Quand vous admirez dans le monde ces millions de martyrs, ces miracles d'amour, depuis la conversion de Paul, le grand persécuteur, depuis les anachorètes des déserts, depuis les Augustin, les Jérôme, les Martin, jusqu'aux vertus d'un saint Bernard, d'un saint Vincent de Paul, d'un saint François de Sales, jusqu'à nos saints contemporains, est-ce que vous ne sentez pas que le souffle de Jésus-Christ a passé dans l'humanité ? Je sais bien qu'on a essayé la négation et qu'on a dit que Jésus-Christ était une apparition brillante, un météore lumineux, mais qu'il n'était pas rédempteur dans le sens chrétien du mot ! La science est venue avec des lanternes et des bâtons pour se saisir de Jésus, lui donner aussi un baiser perfide ; mais il est resté debout, comme dans le jardin des Oliviers, et lui a dit, comme autrefois aux Juifs: Qui cherchez-vous? est-ce moi ? A ces mots, ces faux sages sont tombés le visage contre terre et ont confessé sa divinité. L'incrédulité élégante et gracieuse lance ses moqueries et ses sarcasmes contre Jésus ; mais elle n'aura qu'un jour.

L'orgueil et la volupté ont essayé de renverser le règne de notre divin Sauveur ; cette dernière ne veut pas de lui pour base de la famille et de la société, elle a montré jusqu'où peut aller la pensée humaine séparée de Dieu. Il y a un peu plus d'un demi-siècle, on a rejeté cette pierre angulaire et vous avez vu la raison de l'homme, ce rayonnement de la majesté céleste, placer sur un autel profané le marbre vivant d'une chair publique auquel il offrait toutes ses adorations, tout son amour. Ce siècle ne voulut plus s'incliner devant une croix, et quand le sang d'un Dieu ne coulait plus sur nos autels, le sang de l'homme coulait sur les places publiques et les échafauds ; ce fut le dernier mot de ce desordre, de cette folie. C'est ainsi que la raison humaine peut marcher seule à la conquête de la liberté !

Pour nous, Seigneur, si les savants, si les grands vous rejettent et vous méprisent, s'ils nient votre divinité, nous vous resterons, ô mon Sauveur ! nous prendrons les pauvres, les abandonnés, les petits enfants, les ignorants, les Madeleines, la vraie démocratie chrétienne, et nous en ferons un piédestal. Nous avons besoin de vous, divin Rédempteur, parce que nous souffrons, parce que nous pleurons, parce que nous sommes coupables ; nous vous ferons un rempart de nos cœurs ; là nous vous garderons, nous vous aimerons et nous vous posséderons dans la paix.

DEUXIÈME DISCOURS A LA CATHÉDRALE

LE 15 NOVEMBRE

Venite ad me omnes qui laboratis et onerati estis,
et ego reficiam vos.

Venez à moi, vous tous qui portez le poids de
la douleur et du travail, et je vous soulagerai.

MONSEIGNEUR, MES FRÈRES,

Nous avons dit hier que notre adorable Sauveur a pris possession du monde et de la conscience de l'homme. Adam était
tombé. Sa chute avait creusé un abîme entre Dieu et l'homme,
entre le Créateur et la créature; la terre était maudite, et quand
Dieu appelle Adam, dès les premiers mots de ce dialogue,
l'homme coupable s'écrie : « J'ai peur, » cri partant d'un cœur
qui sent la profondeur de sa misère et de sa bassesse. Dieu
alors a pitié de l'humanité tombée, il descend sur la terre, il
rencontre l'homme étendu sur le chemin de la vie, et, chari-
table Samaritain, il le relève et verse sur ses plaies l'huile et
le baume de la vérité, de l'amour, en un mot de la régénération.
Telle fut l'œuvre de Jésus-Christ. Il a rapproché les distances
qui séparaient le Créateur de la créature; il a été le pont par
lequel l'homme est remonté jusqu'à Dieu; c'est lui qui restaure
l'humanité déchue; c'est pourquoi il est impossible de lui refuser l'adoration, ou, au moins, pour ceux qui ne croient pas, un
regard attentif et sérieux; car cet homme qui prend possession
des siècles et du temps est celui à qui il a été dit : « Vous êtes

le Christ, fils du Dieu vivant.» C'est cette vérité que je voudrais achever de vous prouver ; mais il m'est difficile d'accumuler toutes les preuves de la divinité de Jésus-Christ, emprisonné que je suis dans une heure rapide.

J'ai fait parler devant vous l'histoire, et la conscience humaine, j'ai appelé en témoignage l'idolâtrie et le panthéisme ; mais il y a une preuve plus palpable, plus lumineuse encore, c'est celle qui prend sa source au plus intime de notre être, qui ressort de notre propre cœur. Depuis la chute du premier homme, trois choses dominent le monde : la pauvreté, le travail et la douleur. Nul ne peut échapper à chacune de ces lois, et le riche lui-même, accessible à la souffrance et aux tristesses, paye, dans un certain sens, son tribut à la pauvreté, car il a toujours des désirs qu'il ne peut satisfaire.

Placé sur une colline, Jésus-Christ a regardé le temps, il a considéré les hommes victimes de cette triple malédiction et il leur a dit avec une autorité incomparable : « Venez à moi, vous tous qui êtes dans la douleur, je serai votre consolateur parce que je suis votre rédempteur. » Je ne connais pas de paroles plus audacieuses que celles-là ; ce serait le comble de la folie, si elles ne sortaient de la bouche d'un Dieu.

Il appelle à lui les pécheurs pour leur pardonner, ceux qui pleurent pour les consoler, ceux qui travaillent pour les soulager, et lui seul est resté la solution de tous les problèmes, *solutio omnium difficultatum Christus*, selon l'expression d'un saint Père. O vous tous qui avez d'amères blessures au cœur, vous qui n'avez à votre foyer dégarni qu'un pain rare et amer, qui avez des larmes dans les yeux et qui gémissez dans votre conscience sous le poids de vos fautes, qui n'avez trouvé aucun soulagement dans la gloire humaine, aucune consolation dans les plaisirs de ce monde, essayez de Jésus-Christ et vous verrez s'il vous sera fidèle.

II. — La première parole qui tomba sur la femme après sa chute fut celle-ci : « Tu enfanteras dans la douleur. » Job, faisant l'histoire de l'homme, dit que, né de la femme, il vit peu de temps et que ses jours sont courts et mauvais ; c'est là, en quelques mots poignants, tout ce qui peut être dit de nous entre le berceau et la tombe. L'enfant, à son entrée dans le monde, pousse des gémissements, il passe sa vie dans les larmes. Jeune encore, sur les bancs des écoles, il pleure pour conquérir les lauriers de la science ; plus tard, le cœur, après s'être pris aux joies humaines, ne rencontre que des illusions et des ruines, et comme le disait sainte Chantal à mon saint et à mon père saint François de Sales : « Il y a toujours quelque chose en moi qui tremble et qui n'est pas satisfait. » Quand même la douleur ne se trouverait pas à notre foyer, nous la créons par l'imagination qui torture le cœur. C'est bien avec raison que les poëtes, d'accord avec les livres saints, ont appelé la terre une vallée de larmes ; si l'on y rencontre un sourire, c'est un sourire fugitif ; le bonheur qu'on y trouve est une fleur fragile qui se fane sous la main qui la cueille.

D'où vient la douleur, disait la philosophie antique ? C'était alors un proverbe connu et admis : On n'a jamais pu découvrir les sources du Nil ni celles de la douleur. Platon et Socrate, dans leur sagesse païenne, ne pouvant la consoler, la méprisaient ; quelques autres disaient qu'elle était une ironie jetée dans le monde pour amuser les loisirs de la divinité. Et dans notre civilisation moderne, ceux qui n'ont plus voulu du Christ et de l'Église se sont aussi demandé : Qu'est-ce que la douleur ? Une page d'un livre devenu célèbre leur répond : « La douleur est une étape de la civilisation qui marche, le baptême des nations qui progressent. »

Allez donc vers cette mère agenouillée sur une tombe, et qui arrose de ses larmes les six pieds de terre sous lesquels repose le corps de sa jeune et blonde enfant, allez et dites lui : « O mère, relève-toi, essuie tes larmes, mets un terme à ta douleur. Tu souffres, ton cœur est brisé, mais console-toi, c'est l'état de la civilisation qui marche. Ta douleur est le baptême des nations qui progressent. » Amère dérision ! Avec quelle douceur, au con-

3

traire, je contemple un autre spectacle. Un jour, une mère en pleurs suit le cercueil de son fils unique ; aux portes de Naïm elle rencontre le fils de l'atelier, celui qui portait sur ses épaules le double fardeau du travail et de la pauvreté, et dans le cœur duquel toutes les douleurs trouvaient un sympathique écho. Il est ému de la douleur de cette mère éplorée : « Ne pleurez pas, » lui dit-il, puis étendant la main vers le cercueil : « Jeune homme, levez-vous ; » et ainsi il rend à cette mère le fils qu'elle avait perdu. Voilà la puissance qui a touché la douleur et l'a transfigurée. La souffrance pour le chrétien est une force merveilleuse, une grande lumière, une souveraine révélatrice. Cette vérité, qui paraît un paradoxe, se prouve néanmoins par bien des exemples. Voilà un jeune homme de quinze ans, fier des premiers moments de sa liberté ; il se laisse aller à l'entraînement des passions qu'il sent bouillonner au dedans de lui, et après avoir perdu l'innocence et renversé la foi de sa mère du souffle de son orgueil, il appelle Dieu à la barre de sa raison, méprise les convictions de son enfance, malgré les conseils de l'expérience paternelle, et ni les larmes de sa mère, ni les prières de sa sœur, ni la voix du prêtre qui a guidé ses premiers pas dans les sentiers de la sagesse et de la piété ne peuvent le toucher. Nouvel enfant prodigue, il quitte le foyer de sa famille et s'en va demander le bonheur à des régions lointaines. Mais là, Dieu l'attend ; il le cloue sur un lit de douleur, et la souffrance lui rappelle les châtiments et les tendresses du Rédempteur ; il s'écrie : Mon Dieu ! mon Dieu ! La douleur l'a vaincu ; elle est le grand chemin qui nous ramène à Dieu.

La souffrance est encore une force expiatrice et sanctifiante. Figurez-vous donc un Sauveur heureux, vivant dans les splendeurs du trône et mourant honoré dans un lit glorieux ; aurait-il touché les cœurs ? Non, il a fallu qu'il fût pauvre à Bethléhem, qu'il passât sa jeunesse à Nazareth dans le travail et la pauvreté, qu'il montât au Calvaire et qu'il y mourût pour être vraiment Sauveur. Il était nécessaire qu'il eût la magnanimité du renoncement volontaire, et lorsqu'il regarda sa Mère et qu'il la vit dans les larmes, quand il se vit abandonné d'abord de ses disciples et même de son Père à son heure suprême, c'est alors qu'il put attirer tout à lui.

Dans les peuples comme dans la famille la souffrance a une puissance de réversibilité qui attire les âmes souvent sans que nous le sachions nous-mêmes. Il y a dans la vie deux grands courants : le courant de ceux qui pleurent, qui souffrent avec Jésus-Christ, comme cette pécheresse qui vient briser son vase d'albâtre aux pieds du Sauveur, les arrose de ses larmes, les essuie de ses cheveux, et se frappe la poitrine en confessant leur faute ; ceux-là trouvent la force des larmes dans leur contrition et dans leur amour. Ils se sont fatigués dans le monde, à la recherche des plaisirs, et un jour, vaincus par la douleur, ils viennent chercher près de Jésus la force et la consolation.

Il y a un second courant : c'est celui du mauvais larron, blasphémant dans sa misère et maudissant Dieu. Ne pouvant apaiser leurs douleurs, ces malheureux sont les damnés de la souffrance ; ils désespèrent d'eux-mêmes, et le suicide est le dernier mot pour ceux qui souffrent et ne croient pas en Dieu.

Vous voulez renverser Jésus-Christ, enlever à l'humanité Celui qui console et qui relève ; mais aussi longtemps qu'il y aura des pleurs, on viendra chercher un refuge près de la Croix ; c'est là le piédestal du Christ qui a dit : Quand vous serez fatigués de vos larmes et de vos travaux, vous trouverez le repos à mes pieds et sur mon cœur. Pie VII disait aussi au jeune conquérant de l'Italie : « Quand vous serez fatigué de gloire, vous viendrez vous reposer à mes pieds. »

C'est ainsi que l'Évangile et le cœur humain témoignent de la divinité de Jésus-Christ.

11. — La seconde parole adressée par Dieu à l'humanité déchue fut celle-ci : Tu mangeras ton pain à la sueur de ton front. C'est la grande loi du travail et de la pauvreté ; problème insoluble à l'intelligence de l'homme sans les clartés de l'Évangile, et qui sépare le monde en deux camps, celui des

riches et celui des pauvres. Pourquoi ici un enfant pauvre, là un enfant riche; pourquoi l'un qui naît dans les joies et les douceurs d'une famille opulente, l'autre dans les tristesses et les privations de la pauvreté? Pourquoi cette dissonance dans l'harmonie des mondes? Dieu ne serait-il pas juste? Aussi les vieux Romains, ne pouvant trouver le mot de cette énigme, avaient-ils déclaré que les pauvres n'avaient pas d'âme, et ils en faisaient des esclaves. Sénèque, qui certainement a conversé avec saint Paul, et qui a entrevu les clartés chrétiennes, écrivait encore : « La pitié pour les pauvres est souvent un crime. »

Disons plutôt que la pauvreté, comme l'Eucharistie, est un mystère; selon la pensée de Bossuet, l'explication de ce phénomène divin ne se trouve que dans le Christ : *Solutio omnium difficultatum Christus.*

Notre siècle a cherché dans la politique, les calculs, les combinaisons sociales, un remède à la pauvreté; il a épuisé les ressources de l'économie politique sans arriver à un résultat satisfaisant. On a invoqué le *droit*, le *progrès*, l'*égalité.* Mais le *droit* est une force qui sépare; souvent l'intérêt du pauvre est une hostilité contre le riche. Le *progrès*, cette grande puissance proclamée par les conquêtes matérielles et les grandes industries, fait croître le paupérisme dans d'immenses et tristes proportions. L'*égalité*, c'est un rêve chimérique; comment l'obtiendrait-on, quand il y a partout inégalité de santés, de forces physiques et morales, d'aptitudes ?

Bernardin de Saint-Pierre se promenait un jour avec un de ses amis dans une verte campagne que doraient les premières lueurs d'un beau soleil d'été; les parfums les plus purs s'exhalaient des champs animés par le travail des laboureurs et des bergers. Les deux amis causaient de l'égalité des conditions, et Bernardin, montrant de la main une cascade jaillissante, disait : S'il n'y avait pas de collines, il n'y aurait pas cette eau limpide qui va fertiliser la vallée; donc il faut qu'il y ait des montagnes et des plaines dans la nature comme dans la société. Cette comparaison pleine de poésie est charmante, mais ce n'est pas une solution. On peut parler ainsi, quand on est la montagne.

D'ailleurs, il s'établira toujours une inégalité volontaire dans les conditions. Est-ce qu'il n'y a pas des cœurs qui ont besoin de se dévouer, de s'immoler pour leurs semblables? Jésus-Christ en venant sur la terre a vu deux camps, comme nous l'avons dit. Il a vu les riches, il a vu les pauvres; il a choisi la pauvreté; bien d'autres à sa suite voleront sur ses traces; les murmures des pauvres seront apaisés; ils se sentiront fortifiés et consolés, depuis que, selon l'expression de sainte Catherine de Sienne, cette Jeanne d'Arc de la Papauté, il a pris l'étole de nos misères. Quant à ceux qui, à son exemple, se sont épris d'un saint amour pour la pauvreté, il leur faudra toujours des larmes à essuyer, des misères à soulager. Que feriez-vous du cœur d'un saint Vincent de Paul ou d'une sœur de charité, s'il n'y avait plus de pauvres? Ces cœurs ont besoin de réaliser en eux cette parole : Bienheureux les pauvres volontaires !

Jésus-Christ a épousé la pauvreté, et de roturière il l'a anoblie; il est descendu sur la terre pour élever le pauvre, et si l'humanité a prêté à Jésus-Christ la moitié de son manteau en lui donnant sa chair, il lui a rendu le manteau tout entier en glorifiant la pauvreté.

On se demande quelquefois quelle est l'utilité des couvents; mais le vœu de pauvreté est une de nos gloires, et c'est dans ces asiles bénis que vont se réfugier les grandes âmes qui ont soif de le prononcer. C'est là qu'elles mènent la vie de Bethléem et de Nazareth. La pauvreté! mais elle est aimée par vos filles, qui la poursuivent et quittent vos châteaux avec joie pour l'atteindre. Elle est recherchée par vos fils, qui s'en vont à travers le monde, les reins ceints d'une corde, la tête et les pieds nus, portant sur toute leur personne les livrées de l'humilité et de la misère.

Vous vous flattez d'être aimé. Il y a dix ans, quinze ans que votre enfant vous aime, vingt ans que vous êtes aimé par votre épouse, par votre père, par votre mère, par votre ami, peut-être; mais jamais vous n'avez été aimé comme les pauvres, un roi ne s'est jamais prosterné devant vous pour vous servir, et une reine n'est pas venue soigner vos plaies et les baiser. Saint Louis, sainte Elisabeth ont servi le pauvre et lui ont élevé des Hôtels-Dieu.

Oui, Jésus-Christ a fait aimer le pauvre. Il a rapproché la distance qui le séparait du riche. Le pauvre qui oublie Jésus-Christ a le riche en horreur. Quand il est obligé de demander le pain de sa famille, qu'un travail insuffisant ne peut lui procurer, et qu'il voit les heureux du siècle passer dans un brillant équipage, il voudrait les briser... Il songe à sa femme qui est malade dans une chétive mansarde, et ceux-ci... leur opulence insulte à ma misère. Pourquoi y en a-t-il qui sont dans la richesse, quand d'autres meurent de faim ? Il n'y a pas de Dieu ou il est injuste!

Mais sur sa route la providence de Dieu, qu'il outrage, place une Sœur de charité, une Petite Sœur des pauvres; elle s'approche et lui dit : Mon frère, pourquoi blasphèmes-tu? — J'ai faim, je n'ai pas de pain, pas d'ouvrage, ma femme est malade, Dieu m'a abandonné. — Non, il ne t'a pas délaissé, puisqu'il m'envoie vers toi. Moi aussi, j'avais un brillant équipage, j'habitais un château, j'étais riche; mon père, ma mère m'aimaient tendrement, je possédais les douceurs et les joies du foyer; j'ai tout quitté, j'ai échangé ma robe de soie contre une robe de bure, j'ai renoncé au bien-être, à la fortune, pour devenir ta sœur par amour, par charité, et pour servir celui que tu maudis; c'est Lui, Lui que tu ne connais pas qui m'envoie vers toi, pour te consoler, pour te servir et pour t'aimer. Et quand la Sœur lui a parlé avec un doux sourire, ce pauvre homme se sent ému, fût-il dur comme un rocher; il regarde le ciel, il pleure, et dit avec attendrissement : Je ne blasphêmerai plus, j'ai un père dans le ciel, je le vois, puisque j'ai une sœur sur la terre. Il a vu la Providence à travers la tendresse, Dieu à travers le cœur, le dévouement à travers la pureté.

Malheureuse la nation où la solution chrétienne de la pauvreté a disparu, malheur à ceux qui ne s'occupent que de ce qui fait monter les fonds à la Bourse et qui perdent ainsi toute notion de l'honneur véritable ! Il y a quelque chose de plus grand que de se courber sur l'or, c'est de se relever dans le travail pour Dieu. Notre saint et glorieux Pie IX a présenté à notre culte un grand exemple de la pauvreté acceptée avec humilité et sanctifiée par la prière. Il a pris le pauvre Benoît Labre, ce mendiant, il l'a environné d'une gloire incomparable en lui élevant des autels et en l'offrant comme modèle à notre société, qui ne connaît plus la sainteté et la grandeur du pauvre.

On nous dit : vous avez transfiguré le pauvre, mais vous avez gardé l'aumône qui avilit. C'est à l'aumône que saint Martin doit toute sa grandeur ; c'est parce qu'il a donné la moitié de son manteau, qu'il mérita d'être chrétien, de devenir votre pontife. Il lui doit sa popularité à travers les siècles.

A notre époque, le pauvre a horreur de celui qui donne, parce qu'il croit être son inférieur ; mais le christianisme renverse les rôles. Quand vous jetez une pièce de monnaie dans la main du pauvre, c'est un tribut que vous payez à la souveraineté de Jésus-Christ. Ne sommes-nous pas tous des mendiants devant Dieu, qui nous donne l'aumône de la vie, l'aumône du pardon, l'aumône du pain matériel et aussi le pain du tabernacle?

Les magistrats, sur leurs chaises curules, qui tiennent en leurs mains les balances de la justice avec lesquelles ils pèsent nos droits et nos devoirs, lorsque chaque année ils reçoivent leur salaire, est-ce la justice qu'on paie? Non, ils reçoivent l'aumône.

Le professeur qui, dans une heure rapide, distribue à ses élèves le fruit d'un travail de longues années, reçoit-il le prix de sa science, quand on lui donne son traitement ? Non, il reçoit l'aumône.

Le soldat, qui verse son sang sur le champ de bataille pour la défense de sa patrie, pour protéger l'honneur de son prince ou de l'Église, quand il tend sa main mutilée pour recevoir la pièce d'argent qui doit soutenir son existence, est-ce un salaire qu'il reçoit ? Est-ce le prix de l'honneur qu'il a défendu ? Est-ce le prix de son sang ? Encore moins, car le sang de l'homme ne se paie pas. C'est une aumône qu'on lui fait et qu'il accepte.

Et nous prêtres, nous pontifes du Seigneur, quand nous immolons la sainte victime, quand nous faisons couler sur l'autel le sang d'un Dieu, est-ce que la pièce qu'on nous présente est destinée à *payer la messe* ? Si on ne paie pas le sang de l'homme, payerait-on le sang d'un Dieu ? Non, c'est une aumône qu'on nous donne, et cette aumône nous honore.

Il y a donc deux partis qui se partagent le monde : celui qui suit la parole de Jésus-Christ : Bienheureux les pauvres ! et qui veut se servir du pauvre pour civiliser la société ; et celui qui veut prendre des mains laborieuses et vaillantes pour renverser la société en un jour d'émeute et en faire l'instrument aveugle et docile de sa haine et de ses passions. Ils ne songent pas que le torrent impétueux laisse après lui la boue et la dévastation, et qu'ainsi la fermentation des esprits entraîne les plus grands malheurs.

III. — Laissez-moi vous dire, en quelques mots rapides, la troisième solution du péché.

Plus haut que la souffrance, plus loin que la pauvreté, il y a une douleur intime qui a des rivages plus élargis et des eaux plus troublées, c'est le péché, cette blessure de l'âme, ce sentiment d'avoir outragé la dignité de Dieu et sa dignité personnelle. Il y a pour ce mal une solution athée ; l'homme qui a failli se donne à lui-même l'absolution, mais il a beau se mettre sur un piédestal aux regards du monde, être comblé d'honneurs, entouré d'hommages, même au milieu de ses triomphes et à travers ses louanges, lorsqu'il rentre en lui-même, il voit qu'il y a des hontes dans sa vie, et il se dit : Je suis un misérable. Et rien n'égale cette douleur et cette humiliation de l'homme qui se sent coupable et qui ne peut s'affranchir des remords.

On cherchera bien à s'étourdir, mais on n'a pas la paix, et le trouble poursuit l'impie jusque dans ses festins de Balthazar !

Certains esprits s'imaginent que le mal est un état crépusculaire, une nécessité de la nature bornée; tôt ou tard cependant il leur arrive des déceptions, des tristesses, des chutes qui amènent le remords, car l'homme a besoin d'une robe nuptiale.

Ceux qui ont gardé des parcelles du christianisme et que nous voudrions voir au milieu de nous, les protestants, demandent pardon directement à Dieu ; mais il y a parmi eux des âmes délicates qui sont troublées et ne peuvent trouver dans cette confession, sans l'absolution du prêtre, le repos dont elles ont besoin. Nous sommes des êtres sensibles, et pour trouver l'apaisement complet de nos consciences, nous avons besoin de parler à une âme qui nous écoute, qui nous réponde, qui nous relève avec ces mots : « Allez en paix, vos péchés vous sont remis. » Il nous faut un cœur de la terre revêtu de la force du ciel.

Jésus-Christ a donné la solution de ce problème, en disant à ses disciples : « Allez, baptisez et pardonnez en mon nom. » Le monde sait faire tomber les âmes, mais il ne les relève pas; il a des séductions magiques, mais il ne peut pas rendre l'honnêteté perdue. Qui donc réhabilitera celui qui a perdu l'honneur?

Écoutez cette sublime page de l'Évangile :

Un jour, une femme est surprise en flagrant délit de crime. La loi veut qu'elle soit lapidée; on la conduit devant Jésus. Les vieillards, les juges, les magistrats l'accompagnent ; elle est là, cette pauvre femme, enveloppée dans son déshonneur. On demande à Jésus ce qu'il faut en faire, tendant ainsi un piége à sa justice. Les Juifs disaient: S'il l'absout, il agit contre la loi dont il commande le respect; s'il la condamne, où est sa miséricorde?

Mais le Sauveur, connaissant leurs pensées, les regarde tous, se baisse, et trace sur la poussière des caractères mystérieux. On lui adresse une seconde fois la même question, et, toujours muet, il trace encore des signes sur le sable; enfin, à une troisième interrogation, il relève la tête, et, s'adressant aux juges avec toute la majesté de sa puissance : « Que celui d'entre vous qui est sans péché lui jette la première pierre. » Et ils s'en vont tous, à commencer par les vieillards ; Jésus reste seul avec cette femme accablée et comme anéantie dans sa douleur. Lui, la pureté divine, il est seul avec la femme dégradée. Suivant la belle parole de saint Augustin, la grande misère se trouve en face de la grande miséricorde. C'est le tableau de l'humanité.

La pécheresse, courbée dans son désespoir, gardait le silence ; Jésus savait bien qu'elle n'oserait pas prendre la parole, mais avec cette voix qui réjouit les anges, il lui dit : « Vous ont-ils condamnée?» Et elle, entendant ces mots bénis, sent son cœur s'attendrir ; elle lève les yeux et lui répond : « Non, Seigneur, personne ne m'a condamnée. » Lui, ajoute : « Moi, je ne vous condamnerai pas non plus. » Et il la relève, la réhabilite dans la magnanimité du pardon, et, prenant cette âme comme par la main, il lui dit de marcher en paix et de ne plus pécher. Voilà Celui qui a autorité pour remettre le péché, pour apaiser les remords et rendre la paix à l'homme !

Et le monde, voulez-vous savoir comment il fait ? Voyez cette jeune fille des champs élevée sous l'aile de sa mère, près des cheveux blancs de son vieux père, dans la modestie et la vertu. Un jour, je ne sais quel souffle fatal l'a poussée dans vos cités ; elle arrive avec sa pureté et son innocence ; mais, après quelque temps, la vue de vos richesses, de vos brillants [équipages, de vos joies, de vos plaisirs la séduit ; on fait briller à ses yeux les tentations de la vanité, elle succombe. Un jour elle monte l'escalier de votre luxe triomphant, elle jouit des plaisirs les plus honteux ; mais un jour, de ces hauteurs où le monde l'avait élevée en lui enlevant sa vertu, elle tombe dans l'isolement, dans la pauvreté et la maladie ; et ce monde qui l'a prise, qui l'a en quelque sorte jetée dans la boue, l'abandonne sur son grabat d'hôpital ; vos jeunes élégants, qui l'ont flétrie, ne lui payeront pas même le lit d'agonie sur lequel elle meurt, seule, au milieu de sa jeunesse, entre Dieu qui la cherche et le prêtre qui l'absout.

Ainsi, mes très-chers Frères, les trois puissances qui gouvernent le monde, Jésus-Christ les a vaincues.

Je vous le demande, ô vous qui ne voulez plus du Christ, que ferez-vous de ceux qui pleurent, de ceux qui travaillent dans la pauvreté et de ceux qui sont tombés? Aimez donc le Sauveur, vous tous qui êtes éprouvés! Allez à lui dans le combat et dans la douleur. Jésus-Christ a vaincu la souffrance, le travail et le péché; il est le roi du monde et il a des complices dans le cœur humain. Restez, Seigneur Jésus, au milieu de nous pour nous consoler, pour nous bénir, pour nous pardonner; restez dans l'Église qui vous défend et qui vous garde; restez avec les évêques, les prêtres et les fidèles, afin de les élever jusqu'à vous.

TROISIÈME DISCOURS A LA CATHÉDRALE

LE 17 NOVEMBRE

———

Adveniat regnum tuum.
Que votre règne arrive !

MONSEIGNEUR, MES CHERS FRÈRES,

Nous vous avons présenté, dans les instructions précédentes, la noble et majestueuse figure de saint Martin; nous vous avons dit comment, préparé dans le silence par la charité et le renoncement, il avait mérité la dignité du sacerdoce et l'honneur d'être votre pontife, de ressusciter vos morts, d'établir la foi chrétienne dans votre pays. De ce serviteur de la vérité, nous sommes remontés à Celui qui est le Saint par excellence, le seul Maître, le seul Seigneur, le seul Très-Haut : *Tu solus Dominus, tu solus Altissimus, Jesu-Christe,* comme le chante l'Église.

Nous avons expliqué comment Jésus-Christ est le prince et le chef des saints, la source féconde de la vie de la grâce dans le genre humain, comment il a pris possession du passé en faisant sentir la nécessité d'une Rédemption, et du présent, en donnant une solution aux lois souveraines qui pèsent sur l'âme et l'existence de de l'homme. Nous avons vu qu'il a établi son royaume sur la souffrance, la pauvreté et le pardon; que sa

divinité est incontestable pour l'esprit et le cœur; mais aujour-
d'hui, devant ces foules avides et empressées d'entendre la
parole divine, devant ces pontifes qui m'écoutent et devraient
plutôt être dans cette chaire, il me semble répondre à leurs
inspirations et à leurs cœurs en vous parlant de l'Église (1).

Oui, je le sais, Monseigneur, ce serait à vous, qui avez fait
vos premières armes sous le manteau de Marie, à porter aujourd'hui la parole; ce serait au digne successeur de saint
Julien dont les accents ont la limpidité et la clarté de cette
source miraculeuse que fit jaillir autrefois son illustre prédécesseur; mais surtout au pontife dont la voix appartient à
Poitiers et à l'Église entière, et dont l'éloquence rappelle celle
de saint Hilaire, surnommé le Rhône de l'éloquence, dont les
paroles nous enchantent comme celles de saint Jérôme ; ou
encore à vous, Monseigneur, qui voyiez naguère autour de
vous vos frères dans l'épiscopat, heureux et fiers de célébrer
votre jubilé sacerdotal; mais surtout ce serait bien plus au
saint et vénéré prélat de ce diocèse qu'il appartiendrait de
prendre la parole. C'est votre voix, Monseigneur, que votre
peuple aimerait à entendre. Mes frères vous écouterez mes
accents, car je parle par l'autorité que m'a confiée votre
pontife qui vous bénit et qui vous aime. Je parlerai donc de
l'Église; saint Hilaire et saint Martin m'animeront de leur
esprit. Quels noms et quels souvenirs ! Ces généreux défenseurs
de la sainte Trinité, s'ils étaient là, se lèveraient pour répondre
à ce peuple ; ils confesseraient la sainte Église de Dieu !

La pensée fondamentale que je voudrais laisser au fond de
vos cœurs, soumettre à vos réflexions, c'est que l'Église est
une puissance. On parle souvent des puissances humaines, on
les invoque, on leur demande de s'assembler pour apporter
dans un congrès leurs avis et leurs délibérations, mais elles

(1) Étaient présents : Mgr Guibert, archevêque de Tours ; Mgr Angebault,
évêque d'Angers; Mgr Fillion, évêque du Mans ; Mgr Pie, évêque de Poitiers;
Mgr Jeancard, évêque de Cérame.

sont souvent faibles et désarmées; la puissance, au contraire, que Dieu a faite est invincible, il n'y a que les aveugles, les sceptiques, les cœurs amollis, ou ceux dont les regards sont courbés vers la terre qui ne l'aperçoivent pas; les âmes simples et pures la voient parce que la pureté conduit à Dieu : *Beati mundo corde quoniam ipsi Deum videbunt.*

Mais pour parler dignement de l'épouse de votre fils, ô Vierge Marie, j'ai besoin de votre secours. Comme vous, l'Église est vierge ; comme vous, elle est mère. Elle partage avec vous l'incomparable privilége de l'intégrité féconde et de la maternité virginale. Daignez donc, ô Marie, animer mes accents; inspirez-moi pour que je ne sois pas trop indigne de ces vénérables pontifes, de cette pieuse assemblée, et surtout de votre divin fils. *Ave Maria.*

I. — Lorsque Dieu travaille, il laisse une empreinte particulière sur son œuvre. Il crée le corps de l'homme, l'affermit sur le sol, lui donne cette admirable organisation qui abrite son âme, et souffle en lui la vie. Qu'avait-il pris?-un peu d'argile. Il ne lui en faut pas davantage pour faire l'Église catholique, sa société choisie.

Un jeune homme habitant la Judée, héritier du sceptre de David et du rabot de saint Joseph, prend l'élément humain avec sa puissance divine, il fonde une église, il l'établit sur une pierre : Tu es Pierre, et sur cette pierre je bâtirai mon Église. Et voilà que cette Église devient une puissance, elle domine tout. Il dit à ses apôtres : Allez, prêchez, baptisez, enseignez, pardonnez..... Je serai avec vous jusqu'à la consommation des siècles. A cette Église il dit encore : Je vous donne puissance sur les âmes, sur toutes les nations; je vous donne la force nécessaire pour triompher du temps et de l'espace; du temps, qui renverse les empires et qui anéantit toutes les grandeurs humaines. Dieu lui a dit : Tu seras mon serviteur, pendant quarante siècles tu prépareras ma venue, et après moi tu continueras mon œuvre. Les peuples et les puissances du monde

ont passé et nous sommes restés debout. Interrogez nos his-
toires. Aujourd'hui règne sur nous l'immortel Pie IX ; nous
remontons de Pie IX à Grégoire XVI ; de Grégoire XVI à
Pie VIII, à Léon XII, à Pie VII ; Pie VII, à travers les siècles,
s'unit à Pie V ; Pie V à Innocent III ; Innocent III à Grégoire VII ;
de Grégoire VII à saint Grégoire le Grand ; de saint Grégoire
le Grand à saint Pierre ; saint Pierre à Jésus-Christ ; Jésus-
Christ à David ; de David à Moïse ; de Moïse à Abraham ;
d'Abraham à Adam ; d'Adam à Dieu.

Nous sommes de Pie IX, nous remontons à Dieu, et l'Église
illustre voyageuse, s'en va à travers les siècles ; et quand le
temps ne sera plus, reployant ses ailes, elle s'envolera dans
le sein de Dieu, son unique tombeau, comme il fut son berceau ; elle aura passé occupée à bénir ce qui veut vivre et
à maudire ce qui veut mourir, suivant la parole de Bossuet.

II. — Si l'Église ne connaît pas les barrières du temps, elle
ne connaît pas davantage les limites de l'espace. Son royaume
comprend toute la terre : « Je te donnerai toutes les nations. »
Elle ne connaît pas de frontières, elle est indépendante des
nationalités. Je n'en veux pas d'autres preuves que ma présence au milieu de vous. Pourquoi m'avez-vous accueilli
comme un docteur, comme un frère ? Pourtant un sol étranger
m'a vu naître, et des frontières nous séparent. Mais vous avez
vu, vous avez senti en moi l'évêque catholique. O merveilleuse
union dans la charité et la vérité chrétiennes !

L'espace est une puissance qui rend vains les efforts de
l'homme. Dans ce moment où je vous parle, mes chers
Frères, je sens l'impuissance où je me trouve de me faire
entendre de tout cet auditoire religieusement attentif ; malgré
le désir que j'en ai, une chose m'arrête, c'est l'espace dans
lequel ma voix se perd. Mais la parole de l'Église retentit jusqu'au bout du monde. Tous les pays lui appartiennent, et de
tous les pays on vient au siége où règne son chef sur la terre.
Au sortir du Cénacle, nous étions douze, douze auxquels

Jésus-Christ avait dit : Allez, mes apôtres, allez, prêchez et baptisez. Il nous dit aussi. Vous serez broyés, mis en prison, décapités; et nous fûmes brisés, meurtris, on nous persécuta; on nous a immolés, mais nous sommes sortis de la tombe, nous sommes venus mettre sous le drapeau de saint Pierre deux cents millions d'âmes Il y a trois mois à peine, nous étions cinq cents évêques à Rome, autour de notre chef et de notre père; vous y étiez, Messeigneurs; nous étions là cinq cents qui avions traversé les mers, qui venions de tous les coins du monde, et les pontifes des nations civilisées et ceux qui étaient venus des régions glaciales du nord de l'Asie, de l'Amérique et des parties à peine explorées de l'Afrique. Nous étions là cinq cents ayant vaincu l'espace pour répondre à la voix de Pie IX. Nous, membres de la sainte Église de Dieu, nous sommes, comme elle, victorieux du temps et de l'espace. Ce sont là non pas des raisonnements métaphysiques mais des faits.

III. — L'Église est une puissance intelligente. Il y a sur la terre la force matérielle, la force brutale, mais l'Église possède la force intelligente et lumineuse. L'Esprit-Saint est descendu du ciel, il lui a apporté sa science, sa sagesse, qui l'enseignent et la dirigent chaque jour. Nous prêtres, nous évêques, nous sommes les pontifes et les docteurs de la vérité et de la lumière. Seule, l'Église est dépositaire de toute vérité dogmatique et morale; c'est elle qui illumine le monde entier.

Dieu a voulu que les grandes choses fussent accessibles à tous, pour le pauvre comme pour l'homme de génie, afin que le soleil de vérité atteigne toutes les âmes; il a donné à sa divine épouse les clartés du ciel; elles irradient dans les chaires catholiques, et ceux qui veulent vivre en dehors de nous, ceux qui gardent une parcelle de raison dans les systèmes philosophiques, vivent des emprunts qu'ils nous font. L'homme qui nie l'Église ressemble à l'aveugle qui, sorti en plein midi, tournerait le dos au soleil et viendrait nier son existence parce qu'il est caché à ses regards, bien que sa chaleur le vivifie, l'anime, le réchauffe et éclaire le chien qui le dirige. Maintenant, mes chers Frères, dans cette cathédrale, nous n'apercevons pas l'astre du jour, et pourtant, à travers ces vitraux, ce sont ses splendeurs qui illuminent nos regards.

Que savez-vous de Dieu, philosophes arrogants, que vous n'ayez appris dans nos catéchismes ? Que savez-vous de l'âme ? Ce que vos jeunes enfants connaissent mieux que vous.

Depuis dix-neuf siècles l'Église résout tous les problèmes, répond à toutes les questions. Elle vit sans peur; les siècles passeront; il y aura les luttes du seizième, les moqueries du dix-huitième; mais attendez une heure, un jour, et vous viendrez lui faire amende honorable, car elle a les paroles de la vie éternelle.

IV. L'Église est une puissance aimante; les œuvres de Dieu portent toujours son empreinte, et dans l'Église plus que dans tout autre. Il a imprimé l'empreinte de la Trinité de sa personne. Force, intelligence, amour, telle est la vie de Dieu, telle est la vie de l'Église, tel est le triple trait, l'auguste ressemblance avec la Trinité du ciel.

La force, c'est Dieu le Père; l'intelligence, la vérité, c'est le Fils; l'amour, c'est l'Esprit-Saint. C'est lui qui met dans cette sainte Église, vrai chef-d'œuvre de la main de Dieu, cette tendresse pour les âmes qui va jusqu'à susciter des enthousiasmes que rien n'arrête. L'industrie parle des matières qu'elle travaille, la science, des découvertes qu'elle poursuit; mais qui est-ce qui se dévoue pour les âmes, si ce n'est l'apôtre, le missionnaire que l'Église jette aux quatre coins du monde, qu'elle anime de son zèle, de sa tendresse ?

Nous vous avons représenté l'ouvrier sans pain, sans travail, se révoltant contre le luxe des grands, des heureux de la terre; et vous avez vu la Sœur de charité apaisant le blasphème sur ses lèvres, le ramenant à des idées plus douces et plus chrétiennes avec la tendresse d'une mère, et vos cœurs étaient émus.

Eh bien ! l'Église, c'est la Sœur de charité des âmes : elle les aime elle les recherche ; elle unit toutes les intelligences dans la même foi, tous les cœurs dans un seul faisceau lié par les nœuds les plus forts et les plus doux.

Suivez-moi dans une de ces rues où habite la population travailleuse ; gravissons cet obscur escalier ; frappons à cette humble porte. Dans une chambre dénuée, vous voyez près de l'image du Christ en croix, de la douce figure de Marie et de saint Martin, un fragment de buis bénit, et de l'eau également consacrée par les prières de l'Église. Là est une pauvre ouvrière qui travaille silencieuse devant son crucifix ; ses yeux sont humides de larmes, son cœur gros de soupirs. Pourquoi ces pleurs ? Sa vieille mère est-elle malade ? ses sœurs manquent-elles de pain ? ses frères lui causent-ils de la peine ? Non. Mais voyez plutôt. A ses pieds est un petit livre qui s'appelle *Annales de la Propagation de la Foi ;* elle vient d'y lire qu'à deux mille lieues de distance, un prêtre inconnu a souffert et est mort dans les tortures du martyre. Son âme s'est émue en apprenant les douleurs d'un frère en Jésus-Christ ; elle s'est prosternée à terre pour y ramasser, dans un baiser brûlant, une goutte de ce sang inconnu qu'a fait couler sur un sol lointain l'amour de Jésus-Christ poussé jusqu'à l'héroïsme ; elle la recueille avec son cœur, avec son âme, avec toute l'ardeur de sa foi virginale. Et ainsi l'Église, à travers l'espace, unit, concentre dans un amour noble, tendre, généreux, et le prêtre martyr et la jeune chrétienne.

V. — Enfin, mes très-chers Frères, ce triple caractère de l'Église qui a vaincu le temps, l'espace et les cœurs, se complète par un caractère merveilleux. L'Église est une puissance populaire qui atteint toutes les hiérarchies, toutes les classes et toutes les existences. Je viens de vous le montrer, et vous-mêmes n'en étiez-vous pas la preuve vivante, quand tout à l'heure, dans votre cité parée, sous un ciel plein de nuages, nous avons passé au milieu de ces foules recueillies se pressant

autour des reliques de saint Martin, et que vous portiez en
triomphe ce vieil ossement arraché aux flammes, qui a passé
à travers quinze siècles? Cette population, pourquoi s'était-elle
émue? C'était l'Église qu'elle affirmait. Se serait-elle ainsi
pressée sur le passage d'un ossement quelconque?

Quel moment et quelle heure pour parler de la force populaire de l'Église! Vous ne me pardonneriez pas de me soustraire
aux émotions présentes, en passant sous silence le magnifique
spectacle qui se présente à nos regards. Ce sang noble et généreux, que tant de jeunes gens de tous pays, de toutes conditions, de tout âge viennent de verser pour la défense de
l'Église, est un témoignage assez éloquent!

L'Église est une puissance populaire, car c'est une maison de
famille. Dans le principe, le foyer domestique était le sanctuaire
où Dieu voulait être adoré; les hommes étaient créés pour for-
mer une société dans l'union et la vérité. L'orgueil a rompu
l'unité des langues et des cœurs; mais Jésus-Christ est venu, il
l'a reconstituée dans le Cénacle, il nous a ramenés à l'Éden; et,
dans sa puissance et sa charité, l'Église donne aux âmes un
aliment, des frères et un chef : ce sont les trois forces populaires
et les trois éléments de la famille. J'en suis profondément ému.
Seigneur, comme vous bâtissez avec ce qui est l'écrasement
de l'homme! Si les hommes avaient créé à votre place, ils ne
l'auraient pas fait avec des folies au point de vue humain!
L'Église est populaire dans son aliment. Que demande le malheureux, le désespéré de la terre? Toujours deux choses : du
pain et le bon Dieu! Avez-vous quelquefois pensé que Dieu, dans
le tabernacle, a réuni ces deux choses, et que ce pain, objet de
nos désirs, aliment indispensable de toute pauvreté, n'est autre
chose que le bon Dieu, miracle d'amour?

L'humanité trouve des frères dans l'Église; nous ne sommes
pas isolés. L'individualisme social est une division et une ruine,
une séparation d'âme à âme, une juxtaposition d'individu à individu; ce n'est pas la communauté des cœurs, la communion
des saints... Mais, pour nous chrétiens, cette communion n'est

pas un vain mot. Quand, il n'y a qu'un instant, nous portions en triomphe les débris des ossements d'un saint et que la prière et le respect s'inclinaient sur son tombeau, c'était un frère mort depuis quinze siècles que nous fêtions; et cette popularité nous montre que l'Église n'a qu'à paraître sur les places publiques pour y trouver la puissance sociale et les acclamations de ses enfants.

Puis-je maintenant, mes chers Frères, ne pas vous parler du chef de cette sainte Église, de ce Père qui siége à Rome et auquel, au milieu de toutes les agitations de notre siècle, on n'a pu ravir sa popularité! L'Afrique et l'Océanie, l'Europe et l'Asie se sont donné le baiser de paix sur son cœur. Nous avons vu de nos jours ces âmes généreuses, dont je vous ai déjà parlé, ces hardis croisés s'en aller pour lui faire un rempart de leurs corps, nous l'avons admiré, ce grand Pie IX, planant au-dessus de toutes les misères et de toutes les lâchetés humaines, pour la défense du droit, de la sainteté et de l'honneur.

Le monde nous dit : Oui, l'Église est une puissance incontestable : mais aujourd'hui son temps est passé ; elle a élevé les peuples, ils sont maintenant émancipés, ce n'est plus l'heure de l'emmaillotement du moyen âge; nous n'avons plus besoin d'elle ; elle ne peut plus être une puissance sociale ; son règne doit désormais s'établir dans les consciences. C'est ainsi qu'on a parlé. On n'a plus voulu de l'Église ; on a essayé de construire sans le Christ ! et aujourd'hui vous avez une Europe qui a perdu ses mœurs, et où tout est confusion comme à la tour de Babel. Depuis le xvie siècle, elle n'est plus une chrétienté ; elle chante son industrie, sa civilisation ; mais ses soldats en armes, les canons qui se choquent montrent au monde ce que peut la division des langues et la fraternité de l'artillerie. N'est-ce pas le dernier mot d'une société qui repousse le Christ? Mais l'Église est tout amour, elle vous attend. Aux jours de vos défaites et de vos douleurs, vous viendrez à elle ; vous lui demanderez encore la lumière pour vos intelligences, la paix pour vos cœurs !

L'épée a fait votre vieux royaume franc , mais l'épiscopat a fait la nation française. Un historien anglais a dit ce mot : Les évêques ont fait la France comme les abeilles font une ruche. Vos puissances incomparables de dévouement, d'esprit chevaleresque viennent des siècles de foi ; une reine et une bergère ont conduit les princes aux pieds du prêtre de Jésus-Christ pour sauver votre pays. Quand vous avez été en péril, les saints sont venus à vous. Est-ce que Dieu n'a pas suscité ses saints, tels que saint Martin, saint Hilaire, saint Rémi, pour donner l'exemple de la générosité, de l'esprit de sacrifice ? Ce sont là les forces libératrices de la France ! L'Europe a vu de nos jours toutes vos grandes choses ; elle a été fascinée par votre science, votre industrie, vos arts, votre littérature ; elle a prêté l'oreille à tout le bruit de vos machines. Mais entre le thermomètre de la Bourse et le mouvement des intérêts matériels, ce qui vous sauvera c'est l'apparition des saints, leurs reliques entourées d'honneur, une basilique reconstruite, c'est-à-dire l'honneur et la sainteté des temps antiques reprenant les cœurs pour les élever vers ce qui est grand et immuable ! Il n'y a qu'une clarté dans le monde : c'est mon Christ, c'est l'Église, et par elle les saints ; les autres sont comme ces lumières qui éclairent vos rues, mais qui ne peuvent pas remplacer l'éclat et la chaleur du soleil.

Non, il n'est pas vrai que le christianisme ait fait son temps ; je n'en veux pour preuve que le sang versé pour défendre l'Église, et les foyers chrétiens où les femmes, fidèles à leur mission, élèvent les âmes pour la gloire de Dieu et l'honneur de son service. Autrefois, dans l'arène antique, le Colysée, les gladiateurs servaient d'amusement à un peuple qui demandait « du pain et des plaisirs. » Le souverain était assis sur son siége et les combattants lui disaient: « César, ceux qui vont mourir te saluent. » L'Église, dans l'arène des temps, est assise sur un trône de pierre, et les puissances de la terre sont venues combattre à ses pieds en disant : « Reine, ceux qui vont mourir te saluent. » Les trois premiers siècles , avec leurs persécutions et les robes ensanglantées de leurs martyrs, ont passé devant elle et sont venus déposer à ses pieds leur suprême adieu : « Ceux qui vont mourir te saluent. »

Le IVe, le Ve et le VIe siècles, avec l'empire romain qui s'écroule, les jeunes et fiers barbares qui s'avancent, les docteurs et les phalanges de solitaires, ont dit, près d'expirer : « Ceux qui vont mourir te saluent. »

Le VIIe siècle, avec ses ordres monastiques, qui devaient régénérer et civiliser l'Europe, a salué l'Église qui le bénissait.

Le VIIIe, le IXe, le Xe, avec leurs obscurités et leurs gloires, ont passé : « Ceux qui vont mourir te saluent. »

Le XIIe, avec ses croisades ; le XIIIe, avec ses cathédrales et ses grands ordres religieux, ont reçu à leur tour les bénédictions de l'Église, et lui ont dit : « Ceux qui vont mourir te saluent. »

Le XIVe siècle et ses troubles naissants ; le XVIe, avec ses déchirements et ses luttes religieuses, disent, eux aussi, à l'Église immuable, quoique attristée : « Ceux qui vont mourir te saluent. »

Le XVIIe siècle avec son auréole de gloire et ses combats ; le XVIIIe, avec son rire satanique, passent après les autres et jettent le cri de tous les temps : « Ceux qui vont mourir te saluent. »

Le XIXe siècle, avec ses grandeurs et ses abaissements, avec son panache de vapeur et la fumée de son industrie, aura bientôt disparu, et près de s'évanouir, il répétera, lui aussi : « Celui qui va mourir te salue. »

Le XXe et le XXVe siècles y viendront et passeront à leur tour ; mais l'Église sera toujours là, debout, immuable avec sa chaire, avec son tabernacle, avec ses Petites Sœurs, avec son pontife et sa puissance, pour garder la civilisation, pour vous bénir et vous sauver.

Mais je ne veux pas abuser de votre bienveillante attention et de votre entassement. Pourtant, je ne finirai point sans vous dire un mot de la reconstruction de la grande basilique des âmes, de l'œuvre qui m'est incombée. J'ai à donner à ces âmes les clartés du ciel et les tendresses de mon cœur ; non, ce n'est pas assez : il me faut la douceur du cœur de Jésus-Christ. Par vos prières, étendez jusqu'à moi le manteau de saint Martin. Oui, mes Frères, priez pour l'apôtre d'une grande cité plongée dans l'erreur ; demandez à Dieu que je ne sois pas trop indigne d'occuper le siége de saint François de Sales, et obtenez-moi la grâce de faire rentrer au bercail toutes les âmes qui me sont chères, afin qu'il n'y ait plus qu'un troupeau et un pasteur.

Laissez-moi aussi, mes très-chers Frères, remercier votre vénéré pontife, doux et fort, grand et austère successeur de saint Martin. Monseigneur, il y a neuf ans que, du haut de cette chaire, le digne successeur d'Hilaire, prêtant sa voix à vos plus chers désirs, entrevoyait l'heure de la reconstruction de la basilique Saint-Martin ; depuis ce temps, vous avez osé entreprendre de grandes choses, et vos vœux ont été exaucés ; vous avez osé faire sortir de votre cathédrale les reliques de votre saint prédécesseur, les conduire à travers les rues de votre cité ; et votre peuple s'est incliné devant cette châsse, a salué ces ossements bénis. Dans un temps de luxe toujours croissant, vous n'avez pas craint de faire un appel aux cœurs chrétiens pour relever les murailles que l'impiété des révolutions avait abattues, et votre voix a été entendue : l'aumône vous est venue, les fidèles ont apporté leur obole, le Pape a béni votre entreprise. Continuez donc votre œuvre, Monseigneur, et vous trouverez le repos sous ces voûtes que vous aurez élevées. Votre peuple est fier de vous, et saint Martin vous attend pour vous bénir. Un jour, dans cette basilique renouvelée, les hommes rediront sa gloire et la vôtre : *Et omnes in templo ejus dicent glorian. Amen.* Mais travaillons tous à reconstruire la grande basilique des âmes. Réédifions le temple du christianisme social.

Saint Martin vint un jour dans nos contrées helvétiques, et, passant dans la petite ville où saint Maurice et ses compagnons

avaient été décimés pour la foi, il s'agenouilla sur le sol que
ces saints martyrs avaient arrosé de leur sang, et il en recueillit
quelques gouttes en coupant l'herbe qui recouvrait le sol;
de ce sang il consacra votre église cathédrale et l'autel sur
lequel il devait offrir le saint sacrifice. Ces jours-ci, un sang
pur et généreux vient de se répandre. Il a coulé pour l'honneur
et les droits de l'Église. Recueillons aussi avec respect ce sang
de nos jeunes et glorieux martyrs ; il nous aidera à reconstruire
l'édifice de la foi, de la générosité et de l'héroïque amour pour
Dieu, sa sainte Église et son chef !

Messeigneurs, je suis le plus jeune d'entre vous ; mais
puisque vous avez voulu que je fusse l'écho de vos cœurs
devant cet auditoire, laissez-moi vous dire : *Surgamus et
ædificemus*, levons-nous et bâtissons. Le grand architecte nous
a tracé ses plans dans son admirable encyclique ; il nous a
demandé de combattre pour l'honneur et le droit chrétien.
Levons-nous donc, mettons la main à l'œuvre, replaçons
le christianisme dans nos sociétés, rétablissons la vérité
dans les âmes, dans les intelligences, dans la vie publique des
peuples ; marchons de clartés en clartés afin de pouvoir tous chanter un jour dans la cathédrale rebâtie pour
l'éternité : *Et omnes in templo ejus dicent gloriam. Amen.*
Qu'il en soit ainsi !

ALLOCUTION

Adressée aux Enfants de Marie

AU COUVENT DU SACRÉ-CŒUR DE MARMOUTIER

Le 16 novembre

———

Je sais, Mesdames, que vous vous réunissez tous les mois dans ce sanctuaire pour entendre de pieuses instructions, et que, dans une sainte émulation pour le bien, vous vous groupez au pied de l'autel, désireuses de vous exciter dans la foi et d'offrir vos services à Jésus, l'abandonné du tabernacle. A mon tour, je viens, non dans un sermon mais dans une causerie intime, vous parler de Dieu ; puissiez-vous trouver dans les quelques pensées qui me sont suggérées en ce lieu, rempli des chers et grands souvenirs de saint Martin, une inspiration de force et de joie.

Lorsque je vois de pieuses chrétiennes réunies au pied de l'autel, je les crois destinées à faire l'œuvre de Dieu, à devenir des saintes. Un très-petit obstacle les empêche quelquefois d'arriver à l'intimité avec Notre-Seigneur, il suffit d'une résolution énergique pour le faire tomber. Vous êtes dévouées au tabernacle où Jésus réside, eh bien ! mesdames, il me semble que la femme chrétienne trouve dans l'Eucharistie le modèle de son existence. Votre action, votre influence ou le rayonnement extérieur de votre être, Notre-Seigneur vous indique

comment les employer, dans ses voies eucharistiques, comme
le disait autrefois Marthe à sa sœur Marie : « Le Maître est là
et il vous appelle. » *Magister adest et vocat te.* Répondez avec
joie et promptitude à cet appel divin.

Trois caractères nous signalent Notre-Seigneur dans le
tabernacle : sa vie cachée, sa vie d'immolation et sa vie
de puissance ; ce sont aussi, Mesdames, les trois caractères
de l'existence de la femme : vie cachée et obscure, vie
d'immolation et de sacrifice, vie de puissance ou d'influence et de rayonnement extérieur. Notre-Seigneur
est voilé dans l'Eucharistie, nous le cherchons, nous l'appe-
lons. Il se dérobe à nos regards et à notre cœur. « Vous
êtes vraiment un Dieu caché ; » et lorsque le prêtre ouvre le
tabernacle, il est encore *Deus absconditus.* Voilà votre vie.
Je ne parle pas seulement de ces âmes qui ont foulé aux pieds
les plaisirs du monde par le vœu de chasteté, qui ont rejeté la
poussière terrestre par le vœu de pauvreté, et qui ont renoncé à leur volonté par le vœu d'obéissance, afin de pouvoir
dire : je trouverai mon Dieu. Mais la vie de toute femme chrétienne doit être, par l'appel de la Providence, une vie cachée.
L'homme a reçu en partage une parole resplendissante, une
plume brillante. Ces dons n'ont pas été faits à la femme : la
parole s'éteint sur ses lèvres, si l'on en retranche quelques
rares exceptions ; la plume tremble entre ses mains ; elle est
faite, par sa nature, pour la vie cachée, c'est une fleur dont les
suaves parfums ne s'exhalent qu'à l'ombre. Mais Dieu lui a
donné des qualités que n'a pas l'homme : à lui la supériorité de
l'intelligence, les horizons de l'esprit ; à elle plus de délicatesse,
plus de profondeur, plus de pureté, plus de tendresse. La profondeur aime le silence ; aussi voit-on les esprits les plus
profonds, les plus avides de vérité, aimer à se retirer dans la
cellule. Tout ce qui est délicat craint de s'éparpiller, c'est
comme cette fleur repliant sa corolle pour la préserver de la
poussière du chemin. La profondeur et la délicatesse sont les
cachets du cœur de la femme. Voyons la vie de la grâce super-

posée à celle de la nature dans Marie , cette créature incomparable que Dieu a faite si pure, qui vécut cachée, vit la
mort sans tristesse et fait la joie des anges, chef-d'œuvre que
Dieu a créé si grand, si élevé, si sublime, parce que plus il le
plaçait haut, moins Jésus avait à descendre. J'aime à ressusciter cet intérieur de Nazareth, paradis de la terre; en saluant
Marie, je pense à ces heures silencieuses et obscures où elle
avait Jésus à élever, l'Église à fonder, les âmes à sauver. Je
la vois entourée de cette auréole, voilée par sa vie obscure ;
voilà la femme comme la grâce de Dieu l'a faite.

Mais il y a des obstacles à cette vie cachée , obstacles
qui viennent de l'esprit envahi par l'orgueil, obstacles qui
viennent du cœur séduit par la vanité , obstacles qui
viennent des sens fascinés par la bagatelle. La femme a
besoin de se cacher, mais elle a aussi dans son être une
pente innée à se montrer , elle a soif de paraître , de
briller; reportez vous à ces temps de luttes dans votre
existence , dont vous n'avez pu perdre le souvenir ; vous
verrez que tous vos périls, tous vos dangers, toutes vos chutes,
peut-être, ont eu pour principe le désir de vous montrer, de
paraître dans le milieu où tout brille, tout est retentissement.
Le monde n'est que l'éclat du siècle ; il n'en est pas la réalité.
Ah ! si vous pouviez interroger ces femmes qui ont vu leur imagination se briser, leur cœur se meurtrir, leur âme se froisser,
vous apprendriez d'où sont venus leurs malheurs.

Oui, la vie d'une femme pieuse rappelle le tabernacle ; sa
pureté la rend semblable à un ciboire d'or; sa solitude volontaire,
aux fleurs qui ornent le sanctuaire; sa charité, au cierge allumé
qui se consume sur l'autel. La vie d'une femme du monde est
comme un salon ; il y a aussi là de l'éclat, des parfums et des
fleurs aux jours de ces fêtes fantastiques où tout est enivrement
et séduction; mais revenez le lendemain : les lumières sont
éteintes, les parfums dissipés, les meubles sont en désordre et
couverts de poussière. Il en est de même dans une âme mon-
daine : pour un quart d'heure d'éclat, voyez combien il y a de

lumières de la foi éteintes dans ce cœur, que de désordre dans ses pensées, que de parfums de solitude dissipés, que de poussière, restes impurs des fêtes de la veille! Elle a eu peur du silence, de la vie cachée, elle aura les tristesses de la vie publique; elle n'a pas voulu être un tabernacle, elle sera une place publique. Mais pour celle qui connaît et aime la vie cachée, elle est vraiment ce tabernacle béni où les anges descendent, le tabernacle glorieux où Dieu réside. Ah! nous savons bien les secrètes joies de la vie cachée, nous qui servons l'Église par la publicité de notre parole et de nos écrits; nous en savons bien les joies lorsque nous prenons tous les matins et tous les soirs notre pauvre cœur et que nous le portons au pied du tabernacle, pour lui faire puiser dans la méditation et la prière la force et la consolation. La femme, appelée justement le prêtre du foyer domestique, a besoin, elle aussi, du silence et de la prière pour renouveler son courage.

Premier caractère de Jésus-hostie : la vie cachée, cœur profond, pur et délicat; plus il est profond, plus il a besoin d'obscurité; plus il est délicat, moins il doit s'éparpiller.

Passez dans ces rues, où les multitudes circulent, où les convoitises se heurtent, où les vanités se froissent, où tant de conflits se rencontrent; vous sentez votre bonheur et vous le cachez. Mais ce qu'il y a de plus délicat dans le cœur humain, la douleur, ne se prodigue pas au grand jour. La douleur est-elle une place publique? non, c'est un sanctuaire, et voilà, Mesdames, pourquoi notre existence, qui doit être une vie cachée, doit être plus encore, comme celle du Christ, une vie d'immolation. Le Sauveur, sur la terre, ne pouvait mourir qu'une fois; mais il a trouvé dans son amour le moyen de mourir tous les jours; voilà pourquoi il a dit: «Prenez et mangez, ceci est mon corps ; prenez et buvez, ceci est mon sang. » Les protestants refusent de croire à ce mystère; pour nous, comme saint Jean, nous avons cru à l'amour de Dieu. Si Jésus n'avait pas inventé l'Eucharistie, un homme aurait donc imaginé cette merveille d'amour? Serait-il possible que l'intelligence

humaine eût été plus créatrice que l'amour divin? Non, il est
là dans toute la tendresse du sacrifice, dans toute la beauté de
l'immolation; et lorsque nous prêtres, nous évêques, nous
montons à l'autel, nous prosternant aux pieds du Dieu trois
fois saint, alors qu'il écarte les voûtes du ciel pour descendre
parmi nous, nous prenons en nos mains l'Agneau de Dieu,
nous l'enveloppons dans les voiles eucharistiques comme Marie
le revêtit de sa chair virginale, pour continuer le sacrifice unique du Calvaire. Ah! n'est-il pas là dans le tabernacle, silencieux,
isolé, pauvre! silencieux comme personne n'est silencieux,
isolé comme personne n'est isolé, pauvre comme personne n'est
pauvre. Il recevra, Mesdames, ce n'est pas un reproche que
je vous fais, c'est un éloge; mais oui, Jésus ne dédaignera pas
de recevoir pour son usage les vêtements qui ont servi déjà
pour les fêtes du monde, il acceptera l'aumône du pis aller de
la terre; bien plus, l'aumône de cœurs plus légers, plus froissés
quelquefois que ces débris de vos toilettes. Il acceptera les
chiffons du cœur humain; non-seulement il les acceptera ces
cœurs, mais il les placera quelquefois comme Madeleine entre
la pureté de Marie et celle de saint Jean.

Le second caractère de Jésus dans l'Eucharistie, ainsi que
nous le disions tout à l'heure, c'est donc l'immolation; et ce caractère doit se retrouver dans toute chrétienne. Depuis le colloque
terrible qui eut lieu entre la femme et le serpent, et où la
première fut séduite; depuis ce jour là, dis-je, la femme est
devenue l'être de la souffrance. Lorsqu'elle eut péché, Dieu
l'appela et lui dit : « Tu enfanteras dans la douleur, je multi-
plierai tes souffrances. » Et il l'a rendue forte pour souffrir;
ses nerfs plus délicats et plus déliés que ceux de l'homme, son
imagination plus active, son cœur plus inquiet, ses sens, son
âme, tout est ordonné pour faire de la femme l'être de la souffrance. A cette loi, pas d'exception; elle rencontre son ap-
plication au sein de l'opulence comme dans la pauvreté; dans
le cloître comme dans le monde. Aussi sainte Chantal écrivait-
elle à mon cher saint François de Sales : « Il y a dans mon

être quelque chose qui tremble et qui n'est jamais satisfait. »
Vous redoutez peut-être la souffrance ; si vous la redoutez, elle
arrivera plus poignante et plus vibrante encore. Il faut plus de
souffrances à une femme pour obtenir les succès de la terre
que les succès du ciel ; plus de souffrances pour ceindre une
couronne passagère et artificielle qu'une couronne immortelle.
Dieu a fait de sa Mère elle-même l'être de la souffrance; n'a-t-
il pas choisi pour elle la pauvreté, l'isolement ? Il l'a sanctifiée
dans la tristesse et l'accablement, dans les tortures du cœur,
dans les amertumes de la vie. Vous avez inventé pour elle, ô
mon Dieu, des prodiges de pureté, mais vous avez aussi inventé
des prodiges de souffrances ; elle a été appelée Mère de grâce,
mais aussi Mère de douleur et Reine des martyrs. Et vous,
femmes chrétiennes, vous auriez peur? Non, comme le Christ au
tabernacle, immolez-vous; l'immolation du devoir est glorieuse.

Troisième vie de Jésus dans l'Eucharistie , vie de puissance :
Jésus est caché, il est immolé, mais il est puissant. Il y a dans
notre société chrétienne des hommes excellents par la parole,
par l'épée ou par la plume, des hommes qui jettent leur parole
brillante au milieu des multitudes étonnées, des hommes, admirables champions de la vérité, qui la défendent de leur plume,
des hommes qui répandent leur sang pour la plus sainte et la
plus noble des causes. Ce n'est pas là la force de l'Église ; la
force de l'Église est dans l'Eucharistie, et là encore, Mesdames,
vous trouvez votre modèle. Pour nous qui devons nous livrer
au travail assidu et souvent accablant, de la conduite des âmes
et des consciences, que de fois il nous arrive d'avoir travaillé
toute la nuit sans rien prendre, jusqu'à ce que, vers l'aube du
jour, le Maître descende vers nous et nous rende la force ! S
nous n'allions pas le matin et le soir retremper notre âme au
pied du tabernacle, que de fois notre courage faiblirait! Et ces
humbles et vaillantes épouses du Sacré-Cœur qui m'écoutent,
dans ce travail de l'éducation, si laborieux et si pénible, auprès
des jeunes âmes qu'il faut élever dans l'amour de l'obéissance,
ne se sentent-elles pas accablées quelquefois? Mais elles re-

trouvent la force au pied de l'autel. Il en est de même pour la Petite Sœur des pauvres, pour la fille de Saint-Vincent. Le tabernacle, c'est la vie de l'Église. Il n'y aurait plus au monde qu'un prêtre tenant entre ses mains une hostie, il pourrait encore soumettre l'univers à Jésus-Christ. Vous devez, Mesdames, participer à cette puissance de l'Eucharistie, vous avez un apostolat glorieux à remplir. Les hommes sont les maîtres de nos pensées, les femmes sont les maîtresses de nos sentiments. Qui nous dira ce qu'une femme, une mère, une sœur, une épouse ont pu inspirer de ces nobles dévouements qui étonnent maintenant le monde ?

Votre apostolat doit être un rayonnement de souffrances, de peines, de prières, de dévouements et de sacrifices. Quelques femmes dévouées aidaient les Apôtres dans leur mission divine. Quelques filles vaillantes de sénateurs romains recevaient les disciples de Jésus et les aidaient à répandre la doctrine de leur maître ; dans le siècle de saint Augustin, de saint Bernard, plus près de nous, au temps de saint Vincent de Paul, de saint François de Sales, nous voyons les femmes continuer leur mission sous nos yeux. N'apercevons-nous pas des femmes héroïques qui se dévouent auprès de leurs fils autour de notre Pontife vénéré? Quelle puissance, quelle force d'apostolat vous pouvez avoir, Mesdames! Mais si grand qu'il soit, il doit être humble et modeste. La femme, quand elle est apôtre, doit être comme un ange gardien toujours présent, jamais visible ; son apostolat doit rayonner à l'extérieur par un parfum de tendresse, de sacrifice et de dévouement. Il faut aussi vous élever dans la foi ; de nos jours le sentiment remplace la foi, on n'ose plus contempler les vérités éternelles et solides de l'Écriture ; nous ne sommes plus au temps où l'on pouvait parler aux femmes le langage que parlait saint Jérôme à sainte Paule, saint Augustin aux femmes de son temps, saint Jean Chrysostome à celles de Constantinople, saint François de Sales à sainte Chantal, Bossuet même au milieu des splendeurs de la cour de Louis XIV.

5

Dans la bénédiction magnifique que l'Église donne aux jeunes époux qui vont s'unir au pied des autels, savez-vous, Mesdames, ce qu'elle souhaite à cette jeune femme, qui sort de l'enfance ? « qu'elle soit munie et enrichie des doctrines célestes, que son esprit soit éclairé des lumières de la foi. » Au lieu de cette multitude de petits livres de dévotion qui ne tendent qu'à développer le sentiment et que la presse catholique répand aujourd'hui avec une déplorable profusion, lisez les livres solides qui ravivent les forces de l'esprit, la tendresse du cœur, mais non cette tendresse qui tourne à la rêverie chimérique, à l'égoïsme. Vous ne serez pas une femme chrétienne si votre apostolat n'est pas un apostolat de dévouement et de prière. Faisons donc un échange de prières dans ce reliquaire vivant, auprès des souvenirs de saint Martin. Vous prierez pour que ce peuple au milieu duquel je vais rentrer se trouve réuni dans la lumière d'une seule foi, d'un seul Dieu, d'un seul baptême, comme le dit saint Paul ; et je demanderai à mon saint François de Sales qu'il augmente en vous les trésors de paix, de lumière, de tendresse et de vaillance.

Voici une pensée qui me frappe et que vous me permettrez de vous communiquer. Il y a trois mois, je me trouvais à Rome auprès du Vicaire de Jésus-Christ, autour de Pie IX, dont l'admirable figure plane sur ce siècle avec un incomparable éclat ; cinq ou six cents évêques étaient réunis avec la catholicité tout entière auprès des reliques des Apôtres, dans cette basilique où brillaient en lettres de feu ces paroles qui promettent à l'Église l'immortalité : « Tu es Pierre et sur cette pierre je bâtirai mon Église » ; et le Pape avait couronné des saints dont les noms rayonnaient dans les coupoles. Mais il y en avait un qui les dominait tous, c'était celui d'une enfant de vingt-deux ans, née dans un obscur vallon, auprès de Toulouse, ne rencontrant pendant toute son existence que mépris et dédain, souvent reçue dans sa maison paternelle à coups de bâton, pouvant disposer à peine d'un morceau de pain, morte sans sacrements, pauvre bergère vivant des fleurs du ciel, comme son troupeau des fleurs de la terre, vivant de l'Eucharistie comme ses agneaux de l'herbe de la plaine, fille de la pauvreté, menant une vie humble et cachée, une vie d'immolation et de souffrance. Elle n'avait pas une tendresse car la tendresse maternelle lui man quait et la tendresse paternelle la trahissait; et voilà que depuis deux cents ans elle a commencé sa vie de puissance, depuis deux cents ans les peuples accourent à son tombeau; et j'ai vu Toulouse, parée comme une cathédrale, la porter en triomphe! N'est-ce pas là une insulte à notre époque amoureuse de ruoltz et d'apparences, que cette vie ignorée et inconnue? Obscurité, souffrance et puissance, voilà en quoi se résume la vie de la femme.

Oui, Mesdames, en présence des reliques glorieuses de saint Martin, qui reposent ici depuis quinze siècles, en présence de ce tabernacle, où Notre-Seigneur réside depuis dix-neuf siècles, apprenez qu'une femme n'a de puissance que quand elle se cache et s'immole, et gardez ces trois pensées qui doivent résumer votre vie : *se cacher, aimer, souffrir*.

ALLOCUTION

PRONONCÉE

CHEZ LES DAMES DE LA RETRAITE

Le 17 novembre 1867

Avant de vous donner le corps de Notre-Seigneur, je veux vous dire quelque chose de ce mystère d'amour de la communion, de notre union intime avec le maître.

Quel est l'œil ici-bas qui n'a pas une larme à verser ? Pour tous la souffrance est un pain quotidien. Nous cherchons quelquefois à nous reconstruire sur la terre un paradis de délices, mais c'est toujours en vain; l'Éden, le paradis de délices, a été fermé sur nos premiers parents, nous ne pouvons plus le trouver sur la terre ; ce n'est que dans l'Éternité que nous le retrouverons et que nous serons exempts de toute souffrance. Maintenant nous n'avons qu'un jardin des Olives.

Notre-Seigneur, pendant son agonie au jardin des Olives, se trouve seul, abandonné, même de son père. Les apôtres, qu'il a laissés à peu de distance, se sont endormis. Alors Jésus-Christ s'adresse au ciel et s'écrie : Mon père, s'il est possible, faites que ce calice passe loin de moi ; et Dieu lui envoie son ange lui apportant un calice pour le fortifier. Jésus alors se relève et va à la souffrance et à la mort.

Allons à Notre-Seigneur dans l'Eucharistie ; dans la communion, lui seul pourra consoler nos douleurs, essuyer nos larmes, nous donner un avant-goût des délices du ciel.

Allons à lui avec l'amour, la confiance, la pureté du cœur.

D'immenses espaces nous séparent de Notre-Seigneur. De son côté Notre-Seigneur a franchi ces obstacles.

Pour s'approcher de nous, Jésus a franchi toutes les distances, il a abaissé le firmament, il a écarté les anges, puis il est venu s'abattre dans ce soleil de pureté qui s'appelle la Vierge Marie ; de là, sur ce tronc de la pauvreté qui s'appelle la crèche, et enfin sur ce bois de douleur qui s'appelle la croix.

Mais nous avons aussi des espaces à franchir pour arriver à Notre-Seigneur : lui, il est venu jusqu'à nous ; mais nous, savons-nous monter jusqu'à lui, passer par-dessus nos lâchetés, nos faiblesses, nos attaches, et arriver à lui par la souffrance, dans la pureté de notre cœur et la délicatesse de notre conscience ?

Pour vous, mes chères filles, vous avez franchi ces obstacles, vous vous êtes approchées de Notre-Seigneur, vous avez, par votre vœu de pauvreté, brisé toutes vos attaches aux biens de ce monde ; vous avez renoncé à tout pour vous offrir à votre divin époux avec toute la pureté de votre cœur.

Unissez-vous donc avec confiance, avec un cœur large et dilaté au cœur du Maître, et là, dans cette union, vous goûterez toutes les jouissances d'un ciel anticipé ; vous reposerez comme saint Jean sur le cœur de Notre-Seigneur ; vous entendrez cette parole adressée autrefois à Marie Madeleine : Le Maître est là et il vous demande. Vous irez à lui avec la tendresse de l'épouse et la délicatesse de cœur de la Vierge.

Pendant que vous aurez ainsi Notre-Seigneur, ce sera le ciel, car le ciel c'est la possession de Dieu... Si le voile tombait, si ces lambeaux de chair qui nous séparent de l'Éternité tombaient, nous le verrions face à face, nous serions dans la pleine lumière de la vision béatifique.

Tout à l'heure, au moment de l'élévation, tenant entre mes mains la sainte victime, je l'élevais vers le ciel ; et si, au lieu d'incliner vos têtes, vous l'eussiez contemplée, l'apparence seule des saintes espèces, qui n'existaient plus, l'aurait dérobée à vos regards.

Où peut-on mieux se reposer dans la prière et le silence que dans cet asile de la retraite, si bien symbolisé par ce monastère placé au-dessus des brouillards de la Loire, dominant le bruit de votre cité et les agitations du monde?

Approchez-vous donc de Notre-Seigneur avec un cœur grand, large, dilaté par la confiance; nous ne sommes plus sous la loi de crainte, nous sommes sous la loi d'amour. Notre-Seigneur nous dit, comme après sa Résurrection: Ne craignez rien, c'est moi, n'ayez point peur.

Donnez tout à Notre-Seigneur, soyez libérales, dites avec le bon saint François de Sales : « Si je savais qu'il y eût dans mon cœur une seule fibre qui ne battît pas pour Dieu, je l'en arracherais aussitôt. »

Venez donc, avec toute la tendresse de votre âme, recevoir le Maître qui veut se donner à vous; donnez-lui tout, donnez-lui votre cœur; et que ne donne-t-on pas quand on a donné son cœur !

ALLOCUTION

PRONONCÉE

AU TOMBEAU DE SAINT MARTIN

Le 18 novembre.

~~~~~~~~

MES BIEN CHERS FRÈRES,

Je n'avais pas l'intention de vous adresser la parole ce matin ; mais, en voyant cette foule si compacte, si recueillie, groupée autour du tombeau de saint Martin, je ne puis m'empêcher de vous dire quelques mots et de me réjouir avec vous. Je me sens porté à vous répéter encore combien je suis heureux d'avoir contemplé le peuple de Tours dans la manifestation de sa foi ; c'est un spectacle qui console pour le présent, et qui réjouit pour l'avenir. De la part de Dieu, c'est une miséricorde de réveiller dans les âmes la piété envers les saints ; de faire sortir de l'oubli ces figures héroïques, ces saints évêques et surtout saint Martin, si doux et si fort, pour apprendre aux âmes, dans ce siècle d'affadissement, de mollesse et même de lâcheté, à être généreuses et dévouées. Nous vivons dans des temps difficiles où il y a tant d'entraînement vers un bien-être exagéré ; nous avons plus que jamais besoin du grand souvenir des beaux caractères qui nous ont précédés, pour retrouver les notions perdues d'une foi vive, profonde et vaillante. Les saints semblent avoir une action bornée par le temps ; mais il n'en est rien, car Dieu communique à leurs cendres une vertu merveilleuse pour stimuler les grands cœurs et les grandes choses. Oui, il y a encore de la foi dans les cœurs, nous en avons pour preuve le courage de ces jeunes gens qui vont verser leur sang pour l'Église et son Chef ; mais, souvent aussi, la foi n'est dans les cœurs que du sentiment, de la sentimentalité.

Saint Martin, préparé par la charité, la pauvreté, le renoncement, avant de s'occuper de vos enfants, de ressusciter vos morts, nous apprend deux choses : s'élever au-dessus des intérêts présents pour regarder le Ciel ; et ne pas refuser le travail. Dans un temps de luxe et d'amollissement ; à une époque où on place le bonheur au premier rang dans sa vie, et où on en fait comme la fin dernière de l'existence ; où on veut avant tout se reposer ; où on veut s'asseoir même dans la douleur, il est bon de contempler cette austère figure de saint Martin, entrevoyant déjà le bonheur éternel, et qui sait dire à Dieu, alors qu'il va saisir ce Ciel qu'il a poursuivi de ses désirs toute sa vie : « Seigneur, si je puis encore agir pour votre gloire et être utile à mon peuple, je ne refuse pas le travail. » *Non recuso laborem.* C'est là le comble de la magnanimité, du dévouement ! Quelle leçon pour notre lâcheté, notre égoïsme ! Maintenant, mes chers Frères, je vais célébrer le saint sacrifice ; unissez-vous à moi afin de prier à une même intention : le triomphe de l'Église et de son Chef, l'apaisement des mauvaises doctrines, ennemies de la vérité et le triomphe de la foi et de la lumière dans toutes les âmes catholiques. Et tout à l'heure, quand mon Christ, à ma voix, descendra sur cet autel, ah ! priez, priez, pour que vous ne soyez point indignes des insignes faveurs que Dieu vous fait.

Hier, en passant dans vos rues, à peine si j'osais fouler le sol. Il me semblait que je marchais dans un vaste reliquaire, tant cette belle ville de Tours est embaumée du souvenir de ce grand saint qui fut son évêque. Je vous laisse, peuple fidèle, dans son vaste manteau. Vous continuerez vos efforts et vos dons pour la reconstruction du temple détruit. Les deux grandes tours, magnifiques débris qui planent sur votre ville, vous y invitent sans cesse ; vous répondrez, je n'en doute pas, à l'attente de votre saint pontife qui vous disait encore hier, qu'en entreprenant cette grande œuvre, il avait compté sur deux choses : sur Dieu d'abord et sur son peuple. Et il ajoutait : « Dieu a béni mes espérances; le Saint-Père les a approuvées, et je vois avec une grande reconnaissance que mes diocésains ne me feront pas défaut. » Vous répondrez, j'en suis sûr, aux plus chers désirs de ce prélat qui, par ses rares vertus, l'austérité de sa vie et son grand cœur, est une des gloires de l'épiscopat, comme il est aussi le digne successeur de votre grand apôtre.

Permettez-moi, en terminant, de vous raconter un trait plein de cœur et de sainte poésie, dont j'ai été touché, il y a quelques années.

Un jour, prêchant dans une grande cité qui avait perdu son Dieu et sa sainte Église, je demandais pour la reconstruction d'un temple. En descendant de chaire, je vois venir à moi une pauvre femme âgée et infirme qui me dit : « Monseigneur, je suis pauvre, je vis au jour le jour du produit d'un chétif travail ; cependant j'ai mis de côté 50 fr. pour ma sépulture et pour qu'on dise des messes pour le repos de mon âme quand je ne serai plus. Mais tout à l'heure, en vous entendant, Monseigneur, je me suis dit que je devais répondre à votre appel et vous aider, dans la mesure de mes moyens, à faire relever ce temple où Dieu sera glorifié et les âmes consolées et éclairées; voici donc mes 50 fr.; après ma mort, on fera de mon corps ce qu'on voudra, et les pierres prieront pour moi. »

Les pierres prieront pour elle ! pauvre et sainte femme ! Oh ! oui, certainement; et Jésus, mon Dieu, qui voit toutes choses, ne se laissera pas vaincre en générosité !

Et vous, mes chers Frères, ne voudrez-vous pas, vous aussi, que le jour où votre grand et pieux Archevêque, quittant sa vieille métropole, viendra à la tête de votre glorieux clergé, accompagné des évêques qui entourent son diocèse, et aussi de ceux plus éloignés, qui tous entendront sa voix et répondront à son appel; ne voudrez-vous pas, dis-je, que les pierres de votre belle basilique aient une prière qui bénisse votre générosité? Oh! oui, il y aura une petite pierre qui dira: je suis l'obole du pauvre; la dalle du sanctuaire sera l'aumône de l'orphelin; une autre sera le denier de la veuve; la colonne sera le don du riche; le marbre élégant, la fortune opulente de Zachée; le clergé, les magistrats, la noblesse, le commerce, l'industrie, l'ouvrier, chacun tiendra à honneur de contribuer selon son pouvoir à cette grande reconstruction.

Il y a sans doute au milieu de vous des cœurs blessés, des cœurs en deuil, des âmes en ruine, des esprits qui s'ébranlent sur la voie du retour; nous prierons Dieu de nous réunir tous dans l'unité d'une même foi pour la construction de cette église des âmes qui doit le glorifier pendant toute l'éternité.

ALLOCUTION

PRONONCÉE AU LYCÉE

Le 18 novembre.

~~~~~

Mes chers Enfants,

Il y a quelques années déjà, à la prière de votre excellent
proviseur, j'adressais la parole plusieurs fois, dans la chapelle
du Lycée du Mans, à des jeunes gens qui, comme vous,
étaient au seuil de la vie. Ces jeunes gens, je les ai retrouvés
depuis, dans toutes les carrières, dans les grandes administra-
tions, dans la magistrature, à la tête des affaires ; ils portaient
partout avec eux, en même temps qu'une science profonde,
un vif sentiment chrétien ; tous ils demandaient à la religion
la force de se maintenir à la hauteur de leurs tâches ; ou bien,
comme la vie est semée de déceptions, s'ils étaient en butte à
l'adversité, pleins encore des pieuses émotions de la jeunesse,
ils venaient chercher et trouvaient des consolations au sein de
l'Église. Puissent aujourd'hui mes paroles et ma bénédiction,
tombant dans des cœurs aussi purs, produire d'aussi bons fruits!
La solennité que nous célébrions hier, mes enfants, laissera
en vous, je l'espère, un souvenir durable ; et pour qu'il ne
s'efface jamais, il faut que vous marchiez résolûment dans la
voie que vous a tracée saint Martin. Ce grand Saint, qui a
réalisé l'idéal de toutes les vertus, est un exemple frappant de
ce que peuvent la science et la discipline jointes à la bonté ; sa

vie est un enseignement continuel, surtout pour les jeunes gens dont le devoir est sans doute d'acquérir la science, mais aussi de pratiquer les vertus de chrétiens qui doivent se soumettre à la discipline, qui, en un mot, pour être vraiment dignes du nom d'hommes, pour occuper plus tard, avec dignité, leur place dans la société, doivent réunir, à un degré aussi haut que possible, les sublimes vertus qui ont fait la grandeur de saint Martin : *bonitatem, scientiam et disciplinam....* (Ps. 118, 66.)

La bonté est la plus belle et la plus sympathique vertu de la jeunesse ; c'est elle qui resserre les liens de l'amitié, qui fait le charme des relations de la vie; elle est l'âme du monde social, elle entretient la bonne harmonie, elle nous élève jusqu'à Dieu qui, s'il est toute science et toute justice, est aussi toute bonté. Sans la bonté, l'homme le plus savant est presque inutile à ses semblables, puisqu'il ne s'attache pas à leur communiquer ses découvertes, à faire luire à leurs yeux la vérité. Soyez bons, mes enfants, soyez charitables ; songez que l'homme bon est heureux par lui-même et par l'affection qu'on lui porte, songez que la charité est la plus sublime vertu de saint Martin. . . . .

. . . .

. . . .

Il n'est aucun de vous, mes enfants, que les sublimes créations du génie et de la pensée ne transportent d'enthousiasme, que les vers de Corneille ou les discours de Bossuet laissent froid et insensible. De quelle vénération, de quel amour même n'entourons-nous pas ces hommes divins qui, franchissant les limites étroites imposées à l'humanité, élèvent notre pensée au-dessus du monde matériel, et nous portent, pour ainsi dire, jusqu'aux pieds de l'Éternel. Sans doute, Dieu leur a donné le génie créateur, et a allumé dans leur cœur un feu céleste; mais soyez assurés qu'il se serait bientôt éteint, s'ils ne l'avaient entretenu et vivifié par la science et le travail. Le travail, en effet, c'est le grand principe qui régit l'univers ; un homme, dans quelque sphère que la fortune l'ait placé, au plus élevé comme au plus bas degré de l'échelle sociale, est soumis à sa loi ; le travail, c'est la source de toute science, partant, de tout bonheur. Étudiez donc, mes amis, c'est le seul moyen d'arriver à la véritable gloire, et d'être heureux. Cette grande loi du travail est si profondément imprimée au fond du cœur de l'homme, que celui qui ne fait rien est universellement méprisé ; les peuples n'ont pas trouvé de plus grande injure pour condamner la mollesse des rois qui ne font rien pour la prospérité de leurs sujets, que d'écrire sur leurs tombeaux en caractères ineffaçables : *Ci-gît un roi fainéant.* Et remarquez ici l'énergie de ce mot fainéant, *fait néant.* Cette idée du travail est universelle, la même chez toutes les nations ; elle est de tous les temps et subsistera toujours ; cette inscription qu'on a lue en Grèce sur un antique tombeau n'en est-elle pas la preuve ? Pour peindre la honte d'un homme inutile à lui-même et à ses semblables, ses contemporains avaient fait de lui, après sa mort, cette oraison funèbre : *Saltavit biduo et mortuus est.*

Je dis de plus que le travail est la source du bonheur, et personne ne le sait mieux que vous, mes enfants. Quel est l'élève le plus malheureux au Lycée ? N'est-ce pas le paresseux, dont tous les mouvements sont l'image de l'ennui et de l'inaction, qui traîne péniblement son corps fatigué, ne prend d'intérêt à rien ? Que sont les grossiers plaisirs en comparaison des jouissances si élevées et si pures de l'esprit ? Des voluptés corporelles on sort plus souillé mais non plus content ; elles sont la cause des agitations du cœur, des tourments d'une âme coupable, des déceptions, des remords cuisants que laissent après eux les plaisirs criminels. Trouverez-vous là cette félicité parfaite, mes amis, ce calme, cette sérénité sur le front, reflet de la paix du cœur ? Non, vous ne la trouverez que dans la science et l'étude : là rien d'inquiet, rien d'agité, aucun remords ne vient empoisonner une joie douce, tout est noble et grand comme la science elle-même, comme Dieu, qui est le principe de toute science. Fuyez donc les mauvaises passions ;

> . . . . *mala gaudia mentis*,
> *Sperne voluptates, nocet empta dolore voluptas,*

ajoute le poëte. Combien serez-vous plus coupables de méconnaître ce précepte, vous chrétiens, quand la foi et la religion vous soutiennent et vous guident dans la recherche de la vérité !

La science ! voilà le grand but vers lequel doivent tendre tous vos efforts ; mais vous ne l'atteindriez jamais, mes enfants, si la discipline ne dirigeait vos études et ne vous empêchait de sortir du droit chemin. Vous murmurez souvent contre la rigueur de cette discipline ; mais ne songez-vous pas que c'est une institution divine, que sans elle rien ne serait fixe, ni stable, que vous ne pouvez vous y soustraire dans tout le cours de votre vie sans être ennemi de l'ordre, des lois, des principes, de la morale et de la religion? Habituez-vous, dès votre jeunesse, à obéir ; la docilité et la soumission vous apprendront aujourd'hui à respecter les règlements du Lycée, plus tard à reconnaître l'autorité des lois.........

Je prie Dieu, mes enfants, qu'il vous accorde ces trois biens, qu'il accorda autrefois à saint Martin, et qui firent la grandeur de son serviteur. Que la bonté et la charité vous assurent l'amour de vos semblables, et soient votre recommandation quand il vous faudra comparaître devant la justice de Dieu. Que la science vous donne un rang honorable dans la société et soit comme le flambeau de votre intelligence. Que la discipline enfin vous guide comme par la main à travers les difficultés de la vie, vous soutienne dans l'adversité et vous ouvre un port de salut inaccessible aux tempêtes des passions. La vie du grand Saint dont nous avons célébré la fête, porte d'ailleurs avec elle son enseignement ; elle est plus éloquente que ma faible parole. Demandez lui, vous qui *montez la vie*, la force de pratiquer la vertu, le courage de combattre les vices, et que sa bénédiction répande dans vos cœurs l'esprit de bonté, de science et de discipline.

TABLE DES MATIÈRES

TOURS, IMPRIMERIE LADEVÈZE.

42